다정한 말이
똑똑한 말을 이깁니다

다정한 말이 똑똑한 말을 이깁니다

초판 1쇄 발행 · 2023년 6월 30일
초판 7쇄 발행 · 2024년 5월 10일

지은이 · 이재은
발행인 · 이종원
발행처 · (주)도서출판 길벗
브랜드 · 더퀘스트
주소 · 서울시 마포구 월드컵로 10길 56(서교동)
대표전화 · 02)332 - 0931 | **팩스** · 02)322 - 0586
출판사 등록일 · 1990년 12월 24일
홈페이지 · www.gilbut.co.kr | **이메일** · gilbut@gilbut.co.kr

기획 및 책임편집 · 오수영(cookie@gilbut.co.kr), 유예진, 송은경 | **제작** · 이준호, 손일순, 이진혁
마케팅 · 정경원, 김진영, 최명주, 류효정 | **영업관리** · 김명자 | **독자지원** · 윤정아

디자인 · *studio weme* | **교정교열** · 김순영
CTP 출력 및 인쇄 · 정민 | **제본** · 정민

정가 17,700원

독자의 1초까지 아껴주는 길벗출판사

(주)도서출판 길벗 | IT교육서, IT단행본, 경제경영서, 어학&실용서, 인문교양서, 자녀교육서 www.gilbut.co.kr
길벗스쿨 | 국어학습, 수학학습, 어린이교양, 주니어 어학학습, 학습단행본 www.gilbutschool.co.kr

마음의 문을 여는 말투와 태도에 관하여

다정한 말이
똑똑한 말을 이깁니다

이재은 지음

더 퀘스트

평범한 말이
선물로 변하는 마법

◉ 서툴고 작지만 따뜻한 한마디의 힘 ◉

얼마 전 함께 일하던 한 후배가 이직을 위해 회사를 그만두었습니다. 〈뉴스데스크〉의 FD(Floor Director)로 일하던 친구였어요. 원고를 꼼꼼히 챙겨주고, 진행 순서가 바뀌면 알려주는 등 뉴스 시작부터 끝까지 분주하게 뛰어다니며 그때그때 필요한 일을 처리해주는 든든한 후배이자 동료였습니다. 마지막으로 근무하던 날, 후배가 제게 작은 편지 한 통을 건네주더군요.

"재은 선배, 수습 시절 제가 실수했을 때 선배가 해주신 위로의 말을 지금도 마음에 간직하고 있습니다. 제게 정말 큰 힘이 되었어요. 그 원동력으로 지금까지 열심히 일할 수 있었습니다. 감사합니다!"

편지를 본 순간, 입사한 지 얼마 안 되어 실수했던 후배에게 마음을 담아 작은 응원과 위로를 건넸던 일이 떠올랐어요. 잊고 있었는데 말이죠.

"괜찮아요. 그럴 수 있어요. 원래 처음엔 다 그래요."

'괜찮다'는 말. 그게 다였던 것 같은데, 그 한마디가 후배의 마음에 오랫동안 남을 만큼 위로가 되었다는 사실이 신기하면서도 감사했습니다. 생각해보면 저도 그랬던 때가 있었거든요. 실수했을 때, 목표를 잃고 방황할 때, 방법을 몰라 두려움이 앞설 때 누군가의 다정한 한마디가 저를 잡아주었습니다. 그래서 저도 그런 사람이 되고 싶었어요. 건조하게 해결

방법만 늘어놓는 사람보다는 조금은 서툴고 부족하지만 따뜻한 말로 위로를 건네는 사람이요. 그래서였을까요. 후배의 편지를 읽으며 너무나 기뻤습니다.

얼마 전 아나운서를 지망하는 대학생들이 방송국에 견학을 왔습니다. 이런저런 이야기를 나누고 나서 마지막으로 딱 하나만 질문하라고 했더니 이렇게 묻더군요. "아나운서가 되어 가장 보람을 느끼는 순간은 언제인가요?"라고요. 학생들은 반짝반짝 빛나는 눈으로 저를 바라보며 무언가 엄청난 답변을 기대하는 것 같았어요. 말하자면 '〈뉴스데스크〉 앵커로서 말 한마디로 세상을 바꾸는 경험을 했을 때' 같은 답변 말이죠. 물론 그런 대단한 일이 벌어지는 것도 좋겠지만 저는 이렇게 말했습니다.

"매일 마주치는 사람들에게 위로와 응원의 말을 전할 때 그리고 그 말이 상대에게 잘 전달될 때 가장 뿌듯해요."

너무 소소해서 실망했을지도 모르지만 정말 그렇습니다.

세상을 바꿀 만한 영향력 있는 말도 좋지만 작고 평범한 말이라도 지금 옆에 있는 사람을 행복하게 만드는, 선물 같은 말을 하는 게 더 가치 있는 일이라고 생각합니다.

◗ 내 마음은 지키고 상대를 움직이는 다정한 말투 ◖

많은 사람이 냉철하면서도 논리적으로 말하는 게 멋지다고들 합니다. 흔히 '쿨'하다고도 하죠. 저도 6년 차 〈뉴스데스크〉 앵커로서 똑 부러지고 감정에 휩쓸리지 않게 말하는 것이 중요하다고 생각합니다. 하지만 많은 사람을 만나고 많은 말을 하며 깨달은 바는 조금 달랐습니다. 결국 타인의 마음을 움직이는 건 똑똑한 말이 아니라 다정한 말이라는 사실을요. 따뜻한 말하기는 어떤 상황에서든, 어떤 사람이든 마음의 문을 열 수 있는 화법입니다.

'다정한 말'은 무조건 부드럽거나, 모든 걸 양보하고 포용하는 그런 말이 아닙니다. 다정한 말에는 상대의 무례한 부탁을 예의 있게 거절하거나 내가 원하는 걸 부드러우면서도 명확하게 이야기하는 것도 포함됩니다. 하지만 막상 그런 말을 사용하는 것은 쉬운 일이 아니죠. '다정하게 말하는 것'도 화술 능력 중 하나라고 볼 수 있는데요. 능숙하게 말하기 위해서는 많은 연습이 필요합니다. 이 책에서 총 세 개의 장에 걸쳐 어떻게 하면 다정하게 말할 수 있는지 소개하려고 해요.

1장에서는 왜 다정한 말을 써야 하는지부터 이야기합니다. 바쁘게 돌아가는 일터에서 거친 말을 쏟아내는 '분위기 빌런'과 침착하게 사람들을 이끄는 '분위기 히어로'를 예로 들어 비교하며 따뜻한 언어의 필요성을 살펴봅니다. 또한 최근 문제로 떠오른 '가스라이팅 언어'와 관련된 일화와 함께 상대의 나쁜 말에 대응하는 법, 타인의 말을 현명하게 전달하는 법 등도 알아봅니다.

2장에서는 다정한 언어를 쓰기 위한 '자존감 올리기' 방법을 전합니다. 따뜻한 말을 쓰려면 일단 내 마음이 단단해야 하는데요. 자존감이 높은 사람이 마음의 여유도 있기에 같은 말도 예쁘게 할 수 있습니다. 이 장에서는 제가 실천하고 있는 루틴을 소개하며 단단한 마음밭을 가꾸는 방법과 삶의 태도를 전합니다.

3장에서는 어떻게 하면 다정한 말투를 사용할 수 있을지 '하우 투(How To)'를 담았습니다. 대화할 때 공감과 경청하기, 부정적인 말투 고치기, 칭찬의 언어 쓰기, 꼰대가 되지 않는 말하기, 언어적 감수성 회복하기, 마음이 풀리는 사과의 기술 등 일상에서 바로 실천할 수 있는 아주 쉬운 방법입니다. 방법을 알면 얼마든지 습관으로 만들 수 있습니다. 각 장에서 제시한 다정한 언어 사용법을 하루에 하나씩만 실천한다면 기분 좋은 사람으로 기억되는 것은 물론, 주변에 저절로 사람이 모여드는 변화를 경험할 거예요.

◑ 다정한 말이 지나간 자리에 좋은 관계가 남는다 ◐

그동안 다양한 방송을 하면서 수많은 사람을 만나고 수많은 말을 나누었습니다. 유명 스타, 운동선수, 정치인, 각계 전문가 등 그런 분들과 대화를 했다는 것만으로도 너무나 값진 경험이었죠. 하지만 아무리 말재주가 뛰어나고 화려하게 말하는 사람이어도 시간이 흐르면 금세 잊히더군요. '그 사람, 예전에 인터뷰했는데…. 무슨 이야기를 했더라?' 반면 유독 오랫동안 기억에 남는 사람들이 있습니다. '맞아, 그 사람은 정말 좋았어. 꼭 다시 만나고 싶은 사람이야'라는 생각이 드는 사람이요.

그렇게 기억에 남았던 사람은 누구일까요? 대화할 때 눈을 맞추고 진심으로 제 말을 경청해주었던 사람, 식상한 질문에도 따뜻하게 최선을 다해 답해주었던 사람, 수려하고 똑똑하게 말했던 사람보다 다정하게 말했던 사람입니다. 그런 사람들과 말하다 보면 '나도 저런 사람이 되고 싶다', '좋은 관계로 남고 싶다'라는 마음이 들었습니다.

함께 일하는 동료들도 마찬가지입니다. '다음에 또 같이 일하고 싶다'라고 생각했던 사람은 결국 따뜻하고 다정한 사람, 저를 믿어주고 제 가치를 인정해주는 사람이었어요. 이렇듯 따뜻한 말은 좋은 관계의 시작이 되고 관계를 끝까지 유지해주는 최고의 무기가 됩니다.

마지막으로 제가 좋아하는 문장 한 구절을 나누고 싶습니다.

Your word is a lamp for my feet, a light on my path.
당신의 말은 내 발의 등불이고, 내 길의 빛입니다.

캄캄한 어둠 속에서는 작은 등불 하나가 정말 소중합니다. 쓸쓸하고 적막한 세상, 한 치 앞도 알 수 없는 어둠 속을 걷고 있는 사람들에게 우리의 말이 작은 등불이 되기를, 우리의 다정한 말 한마디가 한 줄기 빛이 되어 그 길을 비춰줄 수 있기를 바랍니다.

차례

2장 다정함은 자존감을 먹고 자란다

-다정한 말투를 키워내는 자양분, 따뜻한 마음과 태도-

3장 관계에 꽃을 피우는 다정한 말투

-사람을 얻고 인생을 바꾸는 언어 수업-

1장

그 사람은 말 때문에 한 번 더 만나고 싶어졌다

-사람을 끌어들이는 말, 사람을 밀어내는 말-

함께하면 할수록 더 좋아지는 사람이 있습니다. 반대로 알게 된 지 얼마 안 되었지만 더 이상 만나고 싶지 않은 사람도 있습니다. 이 둘을 나누는 것은 무엇일까요? 여러 가지가 있겠지만 사람과 사람 사이의 소통에서 가장 중요한 매체인 '말'이 그 차이일 겁니다.

한 끗 차이로 크게 달라지는 이 '말'. 누군가는 정제되지 않은 날것의 말을 툭툭 내뱉으며 상대를 공격하는 언어를 씁니다. 반대로 말 한마디를 해도 모두를 보듬는 풍성한 나무와 같이 상대를 배려하는 언어로 말하는 사람이 있습니다.

1장에서는 왜 날카롭고 차가운 말 대신 다정한 언어를 사용해야 하는지 살펴보고, 다정한 언어를 사용하기 위한 태도에 대해 알아봅니다.

기분이
말투가 되지 않게

발실수는 곧 회복할 수 있을지 몰라도
말실수는 결코 만회할 수 없다.

-벤저민 프랭클린(Benjamin Franklin)

"생방송 시작합니다!"

"3, 2, 1, 큐!"

MBC 〈뉴스데스크〉는 1년 365일, 하루도 쉬지 않고 방송됩니다. 매일 발생하는 뉴스를 전하기 위해 정말 많은 사람이 각자의 자리에서 쉴 없이 뛰고 있죠. 화면에 나오는 사람은 앵커와 기자 몇 명이지만 그 뒤에는 셀 수 없이 많은 스태프의 노력과 시간이 녹아 있습니다.

한 시간 반 동안 방송되는 오늘의 〈뉴스데스크〉가 만들어지기까지 모든 스태프가 공들이는 시간을 따져보면 아마 하루 24시간은 훌쩍 넘을 거예요. 앵커인 저만 해도 이른 아침에 출근해 오전 10시 편집회의를 시작으로 하루의 거의 모든 시간을 뉴스 준비에 쏟아붓고 있으니까요.

뉴스 아이템을 정하고 큐시트(Cue Sheet, 뉴스나 방송의 진행 과정을 적어놓은 표)를 만드는 과정에서부터 방송이 송출될 때까지 취재와 촬영을 하는 기자를 비롯해 편집, 조명, 카메라, 오디오 감독, FD, AD(Assistant Director), 프롬프터(Prompter) 담당 스태프 등 수많은 부서와 사람들이 혹시라도 방송 사고가 나지 않도록 각자의 위치에서 철저히 준비하죠. 이들의 노력과 협업으로 그날의 뉴스가 만들어집니다

그럼에도 불구하고 방송은 늘 변수가 많습니다. 큐시트의 순서가 수시로 바뀌고, 공들여 만든 CG(Computer Graphics, 기사 내용을 설명할 때 시청자들이 쉽게 이해할 수 있도록 넣는 그래픽)가 기계적 결함으로 오류가 나기도 하고요. 갑작스럽게 들어온 속보를 전해야 하는 순간은 말할 것도 없습니다. 뉴스 내내 그야말로 정신없는 상황이 이어집니다.

이런 상황에서는 거의 대부분 사람이 긴장하고 예민해질 수밖에 없는데요. 그렇기 때문에 더욱 서로 간에 오가는 말 한마디, 소통을 위한 언어적 또는 비언어적 행동 모두가 중요합니다. 그러면 어떤 말이 분위기를 어떻게 좌우하는지 한번

살펴볼까요?

◖● 분위기를 좌우하는 한마디 ●◗

화면 속 앵커들은 어떤 순간에도 차분하고 냉철한 모습을 하고 있지만 현실은 조금 다릅니다. 마치 연못 위에서는 우아하게 떠 있는 듯 보이지만 수면 아래에서 수없이 발버둥질하는 백조처럼 매 순간 긴장하고 애쓰고 있지요. 앵커의 작은 실수 하나로 큰 방송 사고가 날 수 있기 때문입니다. 자연스럽게 온 신경이 곤두서고 극도로 예민해질 수밖에 없는데요. 앵커뿐 아니라 모든 스태프들이 마찬가지예요. 마치 살얼음 위를 걷는 기분으로 방송을 준비합니다.

그러다 어디선가 갑자기 날아온 날카로운 말들이 허공을 가를 때가 있습니다. 숨어 있던 '빌런'이 등장하는 순간이죠! 부정적인 말 한마디로 현장을 차갑게 얼어붙게 만드는 '분위기 빌런'입니다. 그렇게 예민하고 날카로운 기분은 여과 없이 공중으로 퍼져나갑니다.

"나보고 대체 이걸 어떻게 하라는 거야?"

"장난해? 지금 와서 내용을 바꿔버리면 어떡하라고!"

"이대로 했다가 사고라도 나면 누가 책임질 거야?"

홍분을 이기지 못해 거친 말로 자신의 기분을 그대로 쏟아 버립니다. 저도 평소 긍정적인 마음으로는 둘째가라면 서러운 사람이지만, 그런 말이 귓가에 들어오면 순간 부정적인 감정이 마음속에서 확 솟아납니다.

'혼자 일하는 것도 아니고 어쩔 수 없는 상황인데 왜 저렇게까지 화를 내지?'

이런 생각을 하는 건 저뿐만은 아니겠죠? 현장에 있던 모든 사람이 갑자기 날아온 날카로운 말의 공격에 당황스러웠을 겁니다. 이처럼 말 한마디가 같은 공간에 있는 사람들의 기분을 한순간에 좌우하기도 합니다. 사람은 사회적 동물이라 누군가의 행동과 말에 영향을 참 많이 받는데요. 칭찬에 감동하고 비판에 서글퍼하며, 누군가의 부정적인 말 한마디 때문에 행복했던 기분이 바닥으로 곤두박질치기도 하지요.

　이런 경험은 우리의 일상에서 비일비재합니다. 즐거운 마음으로 들른 카페에서 마주한 누군가의 퉁명스러운 대답, 지하철 안에서 낯선 사람이 내지르는 신경질적인 외침, 기분 좋게 출근했는데 아침부터 쏟아지는 동료의 짜증 섞인 말에 좋았던 기분이 순식간에 바뀌는 경험, 아마 한 번쯤 해보셨을 거예요. 타인의 말이 내 마음을 마구 흔들어놓거나 뾰족한 바늘처럼 아프게 찌르는 경험 말이에요.

　하지만 이런 상황에서도 기분을 있는 그대로 내뱉기보다는 신중하게 표현을 골라 말하는 현명한 사람이 있습니다.

　"에이, 괜찮아! 큰 사고 안 났으면 됐어."

　"큰 지장을 주는 건 아니니 그만 넘어가자."

　"문제가 생긴 건 어쩔 수 없으니까 이제 우리가 할 수 있는 걸 하자."

　이런 말들은 차분하게 상황을 정리하고 무엇을 해야 할지에 집중하게 해줍니다. 갑작스럽게 벌어진 상황에 화가 나고 당황스러워도 긍정적인 말을 듣다 보면 어느새 폭발할 것 같던 마음도 슬그머니 가라앉기 시작합니다. 그렇게 분위기는 언제 그랬냐는 듯이 차분해지죠. 말 한마디로 사람들이 상황과 기분에 좌우되지 않도록 해주는 '분위기 히어로'의 등장이라고 할까요?

"괜찮아. 일단 지금 할 수 있는 걸 잘해보자." 이 긍정적인 말 한마디에 모두가 자기 페이스를 되찾고, 심리적으로 안정된 상황에서 맡은 일을 할 수 있게 됩니다.

◐ 완벽한 사람보다는 훌륭한 사람이 되고 싶다 ◑

앵커든, PD든, 카메라 감독이든, 생방송을 진행하는 사람으로서 실수 없이 완벽하게 뉴스를 전하고 싶은 마음은 다 같을 거예요. 그래서 가끔 등장하는 분위기 빌런의 신경질적인 말과 행동도 이해됩니다. 잘하고 싶으니 예민해질 수밖에요.

하지만 순간의 감정과 기분을 조절하지 않고 그대로 표현하는 사람과는 잠깐이라도 같이 있는 게 고역입니다. 그 사람의 부정적인 기분과 신경질적인 말의 불똥이 혹시라도 내게 튀지는 않을지, 혹시라도 그 감정에 전염되지는 않을지 걱정되어 가까이 가지 않게 되죠. 아마 누구라도 그런 사람과는 꼭 필요한 말이나 사무적인 말 외에는 대화를 나누고 싶지 않을 겁니다.

반면 분위기 히어로처럼 차분하게 상황에 대처하는 사람과는 늘 가깝게 지내고 싶습니다. 훌륭한 직장인이기 전에 훌륭한 사람이라는 생각이 먼저 들기 때문이죠. 스스로 어찌할 수 없는 상황에 대해 불평·불만을 하기보다는 그다음에 뭘 해야 할지 더 나은 방법을 고민하는 사람 말이에요. '저 사람이 있으면 무슨 일이 생겨도 잘 해결할 수 있을 것 같다', '방송이 끝나도 좋은 관계로 남고 싶다'라고 생각하게 됩니다.

저도 벌써 6년째 생방송 뉴스를 진행하고 있지만 매일 급박한 순간들을 마주합니다. 사실 아무 일도 없이 조용히 넘어가는 날이 손에 꼽힐 정도죠. 부끄럽지만 저 역시 '분위기 빌런'이 될 때가 있습니다. 방송이 마음처럼 되지 않을 때면 순간적으로 짜증이 날 때가 종종 있거든요. 물론 그런 기분을 말로 표현하거나 드러내지 않으려고 노력하지만, 신기하게도 감추려 했던 기분이 표정과 말투에 고스란히 드러나더라고요.

그래서 더더욱 조심하게 됩니다. 내가 부단히 노력하고 절제하지 않으면 나도 모르게 기분이 말이 되어 나올 수 있기 때문이죠. 그런 순간이 올 때마다 분위기 히어로처럼 반응하려고 노력합니다. 화가 나도 최대한 차분하게 상황을 정리하려고 해요. 나의 말이 현장에 어떤 영향을 미치는지, 나의 말 한마디가 어떤 효과를 불러오는지 실제 경험을 통해서 깨달았기 때문입니다.

물론 그런 상황에서 당황하지 않고, 화내지 않고, 침착함을 유지하기란 쉽지 않습니다. 예민한 기분일 때 하는 말은 아무리 숨기려고 해도 가시가 돋아 있습니다. 그럴 때 제가 사용하는 방법이 있습니다. 바로 딱 5초만 입을 다무는 겁니다. 별것 아닌 것 같지만 그 5초 동안 심호흡을 하고 마음을 가라앉히는 것만으로도 확실히 달라집니다.

감정이 격해진 상황에서는 아무리 긍정적인 말을 떠올려보려고 해도 잘 되지 않습니다. 그러니 일단 5초 동안만 말을 멈추고 차분하게 마음을 다스려보세요. 단순하지만 확실한 방법입니다. 해서는 안 되는 말이 입 밖으로 나오지 않도록 만드는 마법의 5초, 여러분도 경험해보시길 바랍니다.

◉ 기분이 말이 되어 나오지 않으려면 ◉

몇 년 전부터 '기분이 태도가 되지 않게'라는 말을 참 많이 들었습니다. 이 어구와 같은 제목의 책도 있는데요. 곱씹을수록 정말 좋은 말이라는 생각이 듭니다. 기분이 나의 태도가 되지 않게 생활하는 것은 어쩌면 진짜 어른의 자세일지도 모르겠어요. 그런데 제 생각에 기분이 태도가 되는 것보다 더 최악은 기분이 그대로 말이 되어 나오는 순간입니다. 그런 상황에서 어떻게 반응하는지, 어떤 말을 하는지에 따라서 그 사람의 성품과 인성이 드러나는 법입니다.

우리는 종종 말을 무기로 사용하는 사람들과 마주합니다. 작은 일에도 예민하게 반응하고, 말끝마다 짜증과 신경질이 가시처럼 돋아 있습니다. 그렇게 날카로운 기분을 고스란히 입으로 쏟아내는 사람을 보면 행여 가시에 찔릴까 봐 가까이 다가가기조차 싫어집니다. 그러다 문득 나도 날카로운 말을 마구 휘두르고 있지는 않은지 돌아보게 됩니다. 그리고 그런 마음이 들 때마다 다짐합니다.

'혹시 누군가의 실수로 방송 사고가 나더라도 절대 남 탓하지 말자. 세상 끝나는 것도 아니고 사람 죽는 일도 아닌데 유난 떨지 말자. 감정적으로 반응하지 말고 공격적으로 말하지 말자. 어떤 상황에서도 다정함을 잃지 말자. 순간의 감정 때문에 다른 사람에게 상처 주지 말자….'

이렇게 말에 있어서만큼은 과하다 싶을 정도로 철저하게 생각하고 검증하자는 마음으로 '자체 필터'의 기준을 최대한으로 높이려고 합니다. 어쩌면 직업적으로 계속 말에 대해 생각하는 사람이라 그럴 수도 있어요. 그리고 사소한 말 한마디, 단어 하나가 사람의 마음을 들었다 놨다 한다는 사실을 너무나도 잘 알고 있어서 그럴지도 모르겠습니다.

방송을 하면서 많은 사람을 만나고 많은 말을 나누다보니

'사람은 말을 닮아간다'는 것을 느꼈습니다. 다정하게 말하는 사람은 성품과 행동에서도 따뜻함이 느껴지거든요. 그냥 인사 한마디 나눴을 뿐인데 그 온기가 전해집니다. '아, 이 사람은 참 온유한 사람이구나', '나도 이런 온기를 전하는 말을 하고 싶다'라고 생각합니다. 어떻게 하면 그렇게 오래오래 여운이 남는 따뜻하고 향기로운 말을 할 수 있을까요?

"입에서 나오는 것은 마음에서 비롯된 것이다." 성경에 있는, 말에 대한 교훈이 담긴 문장입니다. 이 문장처럼 우리의 모든 말은 마음에서 비롯됩니다. 따라서 말을 향기롭게 하려면 마음을 잘 가꾸고 다스려야 합니다. 분주하고 욕심이 가득한 마음을 비워내고 그 안에 약간의 여유와 사랑을 채워 넣는다면 어떨까요? 내게도, 남에게도 조금은 관대하고 편안해지지 않을까요?

마음이 편안하고 여유로워지면 분위기 빌런처럼 화를 내고 실수를 지적하기보다는 상대의 노력을 인정하고 감싸주는 말이 먼저 나올 겁니다. 남을 해치는 '흉기'가 아니라 누군가를 살리는 '무기'로 말을 사용하게 될 거예요. 저도 생방송

을 진행하며 고생하는 동료들의 입장에서 생각하려고 노력
했더니 자연스럽게 그런 말이 나오더라고요.

"괜찮아? 그런 사고가 있었다니 놀랐겠다!"
"오늘 정말 정신없었지, 갑자기 속보가 들어오고 힘들었겠
다. 너무 고생했어!"
"정말 당황했는데 너무 잘해줘서 든든했어! 고마워."

말 한마디에 쉽게 아물지 않는 깊은 상처가 생기기도 하고,
반대로 따뜻한 온기가 되어 오랫동안 기억되기도 합니다. 내
기분이 좋지 않아서 말에 가시가 돋아났다면 그 가시를 하나
하나 빼는 모습을 상상해보세요. 그러면 자연스럽게 둥글둥
글한 말이 흘러나올 거예요.

"

기분이 태도가 되는 것보다 더 최악은 기분이 그대로 말이 되어 나오는 순간입니다. 그런 상황에서 어떻게 반응하는가, 어떤 말을 하는가에서 그 사람의 성품과 인성이 드러납니다.

"

다정한 말의 시작은
이해와 공감

말은 마음의 초상이다.

-미콜라이 레이(Mikołaj Rej)

◉ 차가운 말은 관계를 망가뜨린다 ◉

제가 〈뉴스데스크〉 앵커가 된 지 얼마 지나지 않았을 때 일입니다. 초보 앵커였던 저는 모든 것이 서툴렀어요. 종일 책상에 앉아 열심히 공부하고 준비했지만 온통 부족한 것 투성이였죠. 그러다 뉴스에서 인터뷰를 진행하게 되었습니다. 그동안 다른 프로그램을 진행하면서 운동선수나 가수, 배우들 인터뷰는 여러 번 해봤지만 뉴스 프로그램 내에서 하는 인터뷰는 처음이었습니다. 일단 형식 자체가 낯설었기에 경험자의 도움이 절실했습니다. 몇 번 스크립트를 썼다가 지웠다 하다가 안 되겠다 싶어 무작정 팀장님에게 달려가 도움을 청했습니다.

"팀장님, 여쭤볼 게 있는데요."

"뭔데?"

"제가 뉴스 인터뷰는 처음이라 어떻게 해야 할지 잘 모르겠는데, 혹시 도와주실 수 있으세요?"

"뭘?"

"어…, 그러니까, 인터뷰를 시작할 때와 끝낼 때 멘트를 어떻게 하면 될까요?"

"그걸 왜 나한테 물어? 네가 스스로 생각해서 해야지."

팀장님의 가시 돋친 반응에 하마터면 보도국 한가운데서 창피하게 눈물을 쏟을 뻔했습니다. '한 번도 해본 적이 없는데 어떻게 알아서 하라는 걸까. 스스로 할 줄 알면 물어봤을까' 싶은 마음에 서러웠어요. 팀장님은 그런 제 마음도 모르는 듯 이렇게 덧붙였습니다.

"나한테 물어보지 말고 네가 직접 찾아서 해. 그 정도는 할 수 있잖아. 그래야 성장하지."

스스로 답을 찾으며 실력을 쌓기를 바라는 그의 마음은 알고 있었습니다. 그게 회사생활에서 정답이기도 하고요. 말에 악의는 없었지만 차가운 말투가 아프게 다가왔습니다. 제 상황이 막막했기 때문에 더 그랬던 것 같아요. 광활한 사막 한가운데 혼자 서 있는 기분이었고, 망망대해에서 혼자 노를 저어야 하는 상황이었죠. 갈 길이 너무 멀어서 자존감도 한껏 낮아져 있었습니다. 처음 무언가를 하게 될 때, 설렘도 있지만 두려운 마음이 더 커서 망설이고 주저하게 되는 경우가 있잖아요. 혹시라도 내 마음대로 했다가 방송 사고가 나거나 피해가 가면 안 되니까 더 조심스럽기도 했고요. 물론 제가 더 강하게 성장하길 바라는 그의 마음은 잘 알았지만, 그 진심이 제 마음에 온전히 와닿지는 않았습니다.

어쩌면 너무 안일한 생각일지 모르지만, 제가 바라는 건 상황에 대한 공감과 다정한 응원이었거든요. 당시 초보 앵커로서 부족한 모습에 좌절하고 길을 잃었던 저를, 팀장님이 조금 더 이해하고 공감했다면 "그걸 왜 나한테 물어?" 같은 말 대신 이렇게 말해줄 수 있었을 겁니다.

"막상 해보니 생각보다 어렵지?"

"이 부분은 어떻게 하면 좋을까? 네 생각은 어떤데?"

아무리 좋은 의도로, 상대를 위하는 마음으로 건넨 정답이
라고 해도 그 말을 받아들이는 사람의 마음에 가닿지 못하면
아무 소용이 없습니다. 새로운 도전을 시작하는 후배에게 도
움이 됐으면 하는 마음에 건넨 쓴소리가 오히려 포기를 선택
하게 만들 수도 있습니다. 먼저 길을 걸어본 사람이라면 뒤이
어 오는 사람을 위한 안내자이자 방패가 되어주는 게 당연한
일 아닐까요? 좋은 안내자가 되어 사람을 끌어주려면 말부터
조심할 필요가 있습니다. 이런 말하기를 하기 위해 그리고 따
뜻하고 다정한 말투를 위해 제일 중요한 건 상대방에 대한 이
해와 공감입니다.

◖ 사소하지만 결코 사소하지 않은 '말투' ◗

같은 말이라도 듣기 좋은 말이 있고, 듣기 싫은 말이 있습

니다. 내용은 그대로인데 왜 다르게 들리는 걸까요? 바로 '말을 하는 태도' 때문입니다. 보통 '말본새', '말투'라고 하죠. 종종 말의 내용에만 집중하느라 그 말을 어떻게 전달할지, 말투는 그다지 중요하게 생각하지 않는 경우가 있습니다. 하지만 말투가 메시지보다 더 중요할 때도 있습니다.

사소한 것 같지만 절대 사소하지 않은 것, 그게 바로 말투입니다. 말투 하나로 그 안에 담긴 내용과 의도까지도 한순간에 바꿔버릴 수 있으니까요. 말투가 거친 사람은 무슨 말을 해도 날카롭게 들립니다. 의도가 아무리 선해도 말이죠. 그래서 불필요한 오해를 만들기도 하고, 본인도 모르게 상처를 주기도 합니다.

반대로 부드럽게 말하는 사람은 듣는 사람을 기분 좋게 만드는 재주가 있습니다. 말을 예쁘게 하는 것도 능력입니다. 말을 하면 분위기가 좋아지고 공기마저 긍정적으로 만들어버리는 사람이 있죠. 행복한 에너지를 마구마구 뿜어내는 그런 사람이요. 그런 사람이 되려면 어떻게 해야 할까요?

말투는 습관이라서 연습하면 얼마든지 바꿀 수 있습니다.

연습하고 노력하면 말 한마디로 천 냥 빚도 갚고, 갈등을 해결하고, 사람들의 마음을 사로잡을 수 있습니다. 말투는 말로 전하는 메시지에 나의 감정이 담긴 것입니다. 배우들이 어떤 인물을 연기할 때 그 캐릭터를 표현하는 가장 기본적인 장치가 말투라고 하죠? 말투에 그 인물의 감정과 기분을 담아 말하는 것이지요. 말투가 인물의 성격을 알려준다고도 볼 수 있습니다. 따라서 말투는 한 사람을 있는 그대로 드러내고 표현하는, 절대 사소하지 않은 중요한 부분입니다. 상대를 생각하고 배려하는 다정한 마음은 다정한 말투가 되어 나오고, 다정한 말투는 상대의 마음에 사랑과 응원으로 가닿을 겁니다.

66 ————————————————

아무리 좋은 의도로, 상대를 위하는 마음으
로 건넨 말이라고 해도 그 말을 받아들이는
사람의 마음에 가닿지 못하면 아무 소용이
없습니다. 따뜻하고 다정한 말투를 위해 제
일 중요한 건 상대방에 대한 이해와 공감입
니다.

———————————————— 99

03

상대방을
말의 주인공으로 만들기

아는 자는 말하지 않고
말하는 자는 알지 못한다.

-노자(老子)

◉ 걱정하는 마음보다 가르치는 말이 앞설 때 ◉

저는 흔히 말하는 'K-장녀'입니다. K-장녀는 최근 생긴 신조어로, 코리아(Korea)의 첫 글자 'K'와 맏딸을 뜻하는 '장녀'의 합성어입니다. 가족에 대한 도를 넘어서는 걱정, 습관화된 양보 등이 특징이라고 하더군요. 저 또한 K-장녀답게 언제나 가족들의 걱정을 이고 지고 사는 편이죠. 사랑하는 부모님과 여동생이 어디서 무얼 하는지, 건강은 잘 챙기고 있는지, 별일은 없는지 늘 살피는 게 습관입니다. 그러다 보니 저도 모르게 잔소리를 하게 되는 경우가 있는데요. 주로 이런 말들을 많이 하죠.

"지금 이 시간에 어디 가?"

"밥은 먹었어? 끼니는 제때 챙겨야지."

"항상 안전하게, 조심해서 다녀야지."

"운전할 때는 딴짓 말고!"

"문 잘 잠그고 다녀."

"오늘 길이 미끄러우니까 넘어지지 않게 조심해."

꼬치꼬치 캐묻고, 학교에 가는 어린아이에게 당부하듯 잔소리를 쏟아냅니다. 예전에는 하루 동안에도 아침, 점심, 저녁으로 꼬박꼬박 전화해서 안부를 확인하곤 했지요. 저의 이런 과도한 관심과 참견이 가족들을 힘들게 했습니다.

오랫동안 함께 자취했던 동생에게는 더했습니다. 부모님도 하지 않는 잔소리를 시도 때도 없이 했으니까요. 동생이 조금만 늦게 집에 들어와도 전화에 불이 날 정도로 연락을 하고, 친구랑 여행이라도 가면 하나부터 열까지 보고를 받을 정도였습니다. 심지어 동생이 남자 친구를 사귀는 것조차 탐탁지 않아 했습니다. 물론 걱정되는 마음에 그랬지만요. 동생을 앉혀놓고 선생님이나 부모님처럼 훈계를 늘어놓는 일도 잦았습니다.

"너, 그렇게 살면 안 돼. 지금이 얼마나 중요한 시기인 줄 알아? 제대로 해야지!"

저로서는 동생을 아끼고 사랑해서 그랬던 건데, 돌아보면 이런 방식이 동생을 힘들게 했겠다는 생각이 듭니다. 저의 간섭이 마치 벗어나고 싶은 새장처럼 답답했을 것 같아요. 아무리 관심과 미래에 대한 걱정의 표현이라고 해도 상대방이 그렇게 느끼지 않으면 소용없다는 걸 그땐 몰랐습니다.

동생을 사랑해서 했던 잔소리들이 동생을 힘들게 한 것 같아서 괴로웠습니다. "조심해.", "일찍 다니고.", "밥 챙겨 먹어." 등 항상 뭔가를 지시하는 말로 하루를 시작하고 "어디야? 왜 아직도 안 들어와?", "그 일은 제대로 했어?" 등 '정석을 요구하는' 참견으로 하루를 마무리했으니까요.

걱정하고 참견하는 대신 동생을 더 믿어주고 응원해줬다면 얼마나 좋았을까요?

"괜찮아. 걱정하지 마."

"넌 뭐든 잘 해낼 거야."

"오늘도 힘내!"

"오늘 하루, 어땠어? 고생했다. 이제 좀 쉬어."

이런 응원의 말을 해주었더라면 하는 후회가 많이 남습니다. 때론 걱정의 말이 상대방을 괴롭게 할 수 있다는 사실을 이제야 알았습니다. 아침저녁으로 하던 인사만 조금 바꿨어도 '동생에게 더 좋은 영향을 주는 든든한 언니가 될 수 있지 않았을까' 생각하면 아직도 미안합니다.

◉ 말의 중심추를 내가 아닌 상대에게로 ◉

마음과 의도는 선하지만 듣는 사람에게는 상처가 되는 말이 있습니다. 생각해보면 저는 동생을 너무 사랑해서, 걱정이 되어서 했던 말들인데 왜 동생에게는 상처가 되었을까요? 동생에게 그 의미와 뜻이 제대로 전해지지 않았기 때문입니다.

상대방이 아니라 제가 그 말의 중심이 되었던 것이죠. '내 속에 내가 너무도 많아'라는 노랫말처럼 제 말에 온통 제 입장과 생각으로 가득했으니까요.

동생을 사랑해서 했던 말이라고 하지만 곰곰이 생각해보면 '내'가 걱정이 돼서, '내 걱정'을 덜기 위해서 했던 말들이었죠. 동생을 잘 돌보고 살펴야 한다는 장녀의 책임과 무게감이 동생에 대한 사랑과 애정, 배려보다 더 앞섰기 때문이었습니다. 상대의 입장을 조금만 더 생각했다면, 제 말의 주인공이 동생이었다면 아마 달랐을 겁니다.

"어디야? 지금 몇 신데 왜 아직도 안 들어와?"
"왜 전화를 안 받아?"

이렇게 제가 중심이 되는 말 대신 동생이 중심이 되는 말을 할 수 있었을 거예요.

"늦게까지 고생 많네. 올 시간이 지나서 걱정이 되어 전화했어."

"많이 바빴구나. 힘들지?"

"잘 마무리할 수 있도록 기도할게."

내가 하는 말의 주인공 자리를 상대방에게 양보하세요. 상대의 마음에 초점을 맞추고 그 사람이 주인공이 되는 말을 한다면 상대방은 나와의 대화를 더 이상 상처가 아닌 즐거운 일로 여길 겁니다.

66

마음과 의도는 선하지만 듣는 사람에게는
상처가 되는 말이 있습니다. 상대에게 그
의미와 뜻이 제대로 전해지지 않았기 때문
입니다.

99

04

결국, 다정한 말이
똑똑한 말을 이긴다

태양이 얼음을 녹이듯
친절은 오해, 불신, 적대감을 없애는 힘을 가지고 있다.

-알베르트 슈바이처(Albert Schweitzer)

◉ 목소리에서 성품이 보인다 ◉

아나운서 신입사원을 뽑는 공채 시즌이 다가올 때면 선배들이 이렇게 물어오곤 합니다. "재은이는 어떤 후배가 들어오면 좋겠니?" 그러면 저의 답변은 늘 똑같습니다. "착하고 좋은 사람이요."

음, 너무 뻔한 말처럼 느껴지나요? 하지만 저는 아나운서의 가장 중요한 자질은 선한 성품이라고 생각합니다. 멋지고 똑똑하고 잘난 사람들은 너무나 많습니다. 흔히 말하는 '스펙'이 좋은 사람도 많습니다. 심지어 요즘엔 가르쳐주지 않아도 처음부터 다들 방송도 잘합니다. 하지만 착하고 선한 성품을 지닌 사람을 찾는 건 쉽지 않습니다. 이제 와 가르친다고 해서 되는 일도 아니고 말이죠.

10년 넘게 이런저런 다양한 방송을 하면서 알게 된 사실이 있습니다. 바로 방송은 '기술'이 아니라 '마음'으로 하는 것이라는 점입니다. 모든 방송이 시청자들과 진심으로 교감하고 마음을 나누는 것에서부터 시작합니다. 예능이든, 뉴스든, 라디오든, 스포츠든 모두 그렇습니다.

아나운서 역시 유창하고 수려한 말로 지식을 뽐내며 시청자들을 '가르치는 사람'이 아니라 마음을 다해 '듣는 사람'이라고 생각해요. 진심이 담긴 공감을 바탕으로 시청자들과 소통하는 사람입니다. 그러니 목소리를 통해, 화면을 통해 그 사람의 마음과 성품이 고스란히 전해질 수밖에 없습니다. 바로 이 점이 좋은 사람이 되어야 하는 이유, 선한 말을 하고 선한 행동을 하며 긍정적인 영향을 주기 위해 노력해야 하는 이유입니다.

◑ 진짜 나의 말을 해야 상대도 마음을 연다 ◐

2014년부터 2018년까지 꽤 오랫동안 새벽 라디오를 진행한 적이 있습니다. 〈세상을 여는 아침 이재은입니다〉라는 프로그램인데요. 매일 새벽 5시부터 7시까지 두 시간 동안 생방송으로 진행되었죠. 제목처럼 말 그대로 누구보다 먼저 세상을 여는 사람들이 듣는 방송이었습니다. 온 세상이 캄캄한 새벽, 어둠을 뚫고 나와 하루를 시작하는 사람들과 4년의 시간을 함께했습니다.

처음으로 맡게 된 라디오 방송이었고, 그것도 생방송으로 진행되는 방송이라 서툴고 부족한 점이 많았습니다. 무엇보다 청취자들의 문자와 사연에 대한 느낌과 생각을 바로바로 전하는 일이 가장 어려웠습니다. 이제 막 사회생활을 시작한 초보 DJ인 제게는 너무 큰 미션이었죠.

직장 생활을 하다 은퇴하고 제2의 인생을 시작하는 아버지뻘 애청자분의 사연, 이른 아침 모유 수유를 하면서 라디오 방송을 듣고 있다는 청취자의 문자, 수십 년 동안 늘 같은 시간, 같은 노선을 지키는 버스 기사님의 사연에 어린 초보 DJ가 감히 무슨 말을 보탤 수 있었을까요.

저는 한 번도 해보지 못했던 경험과 고민을 하는 사람들의 이야기를 소개할 때마다 눈앞이 캄캄했습니다. 저의 부족함이 드러날까 봐 두려워서 입이 잘 떨어지지 않았지요. 제가 할 수 있는 일이라곤 그저 최선을 다해서 듣고 공감하고 응원의 말을 건네는 것뿐이었습니다. 고민에 어쭙잖은 해결책을 제시하려고 하기보다 진심을 담은 한마디를 건네려고 했습니다.

그렇게 방송을 하면 할수록 중요한 사실을 깨달았습니다. 청취자들에게 저는 단지 방송을 진행하는 아나운서나 DJ가 아니라 함께 고민을 나누고 이야기하는 친구 또는 가족 같은 존재라는 사실을요. 실제로 우리는 서로를 '세아침 가족'이라고 불렀습니다. 세아침 가족들은 종종 저의 '잰디'라는 별명을 붙여 이런 문자를 보내주었습니다.

'잰디! 오늘도 제 이야기 들어줘서 고마워요.'

'잰디가 항상 공감해줘서 위로가 돼요.'

'이 시간에 함께하는 누군가가 있다는 사실만으로도 마음이 따뜻해져요.'

이런 응원의 한마디에 두려움이 사라지고 힘을 낼 수 있었어요. 그리고 DJ로서 저의 역할은 똑똑한 말로 조언을 하거나 해결책을 제시해주는 것이 아니라 공감하고 마음을 나누고 청취자들과 좋은 관계를 맺는 것이라는 사실을 알게 되었습니다. 늘 그 자리에서 귀 기울여 이야기를 들어주는 것만으로도 누군가에게 위로를 전할 수 있다는 것을, 4년 동안 매일 아침을 함께했던 세아침 가족들을 통해 배웠습니다.

◉ 우리의 마음에서 공명을 일으키는 말 ◉

라디오는 신기할 만큼 정직하고 진실한 매체입니다. 목소리만으로도 나의 모습을 있는 그대로 보여주죠. 말투, 웃음소리, 표정, 생각, 그날의 기분까지도 고스란히 듣는 사람에게 전해집니다. 아무리 멋진 말이라도 진짜 나의 말이 아니면 단번에 티가 나버리죠. 그래서 나의 목소리와 나의 말로 나의 이야기를 해야 합니다. 저 역시 그렇게 생각하고 다가갔더니 청취자들과 더 진솔한 이야기를 나눌 수 있었고 자연스럽게 더 좋은 관계를 맺을 수 있었어요.

다른 모든 관계도 마찬가지입니다. 진실한 내 모습을 보여주고 나의 말을 해야 상대도 진심으로 받아들이고 자신을 보여줍니다. 그때부터 진짜 관계가 시작되는 것이죠. 내 말이 아닌 다른 사람의 말을 흉내 내거나, 내 모습이 아닌 꾸며낸 모습을 보여준다면 어떤 관계도 오래가지 못합니다.

라디오 방송을 그만둔 지 6년이 다 되어가지만 아직도 그때의 제 모습을 기억해주는 분들이 정말 많습니다. 뉴스를 진행하는 지금의 모습을 보며 '우리 잰디, 대견하다', '잘하고 있어. 멋지다' 등 마치 오랜 친구처럼 여전히 응원을 보내줍니다. 그분들에게 저는 그저 이른 새벽 음악을 들려주던 아나운서나 DJ가 아니라 4년이라는 시간 동안 인생의 소중한 순간들을 함께했던 친구이자 가족이었던 거죠. 부족한 말이었지만 정성을 다해 전하고자 했던 저의 진심을 알아준 청취자분들에게 늘 감사합니다.

똑똑하지 않아도 진심을 담은 말이라면 그 어떤 말보다 큰 울림과 감동을 줄 거예요. 분명 그 사람의 마음에 깊이 가닿을 겁니다. 그리고 그렇게 심긴 말은 좋은 관계를 시작하는 단단한 씨앗이 되어줄 거예요.

66 ━━━━━━━━━━━━━━━━━━━━━━━━━

똑똑한 말로 조언을 하거나 해결책을 제시
해주는 것이 아니라 늘 그 자리에서 귀 기
울여 이야기를 들어주는 것만으로도 누군
가에게 위로를 전할 수 있습니다.

━━━━━━━━━━━━━━━━━━━━ 99

05

말 한마디가
삶을 바꾼다

위대한 일들은 항상 내부로부터 시작한다.

-짐 퀵(Jim Kwik)

◉ 나의 오늘을 만든 말들 ◉

저는 말의 힘을 믿습니다. 어제 내가 했던 말이 지금의 나를 있게 했고, 오늘 내가 하는 말이 언젠가 나의 미래가 된다는 사실을 믿고 있죠. 이렇게 말의 힘을 믿게 된 건 부모님 덕분입니다. 부모님은 언어 교육을 매우 중요하게 생각하셨고, 저와 제 동생은 어린 시절부터 말에 관해 엄격한 교육을 받았습니다.

'긍정적이고 예쁜 말만 하기.'

'부정적인 말은 입 밖으로 뱉지 않기.'

'다른 사람을 비난하는 말은 하지 않기.'

'그렇지 않은 상황에서도 미리 감사하기.'

부모님은 공부하라는 말씀은 안 하셔도 어떤 말을 써야 하고 어떤 말을 쓰지 말아야 하는지에 대해서는 철저하게 교육하셨습니다.

"짜증 나."
"망했다."
"죽겠다."
"못 하겠다."

우리가 종종 습관적으로 무심코 뱉게 되는 말들이죠? 지금 나의 힘든 상황을 표현하기에는 정확한 말이긴 한데요. 부모님께서는 이런 사소한 말들도 모두 긍정적인 말로 바꿔서 사용하게 하셨죠. 한번은 배부르게 저녁을 먹고 무심코 "배불러 죽겠다."라고 말했다가 부모님에게 혼이 나기도 했습니다. "배가 부른데 왜 죽어? 행복하지!" 생각해보니 정말 맞는 말이었습니다.

"예뻐 죽겠다."

→ "예뻐서 내 마음이 힐링된다."

"할 일이 너무 많아서 바빠 죽겠다."

→ "내가 할 수 있는 일이 많아서 행복하다."

훨씬 잘 어울리지 않나요? 나도 모르게 불쑥불쑥 튀어나오는 말들을 조금만 다듬으면 어느새 내 마음도 말의 모양과 같이 다듬어집니다. 어릴 땐 피곤하게 느껴지기도 했던 부모님의 언어교육이 얼마나 중요하고 귀한 것이었는지, 어른이 되고 보니 절실히 깨달았습니다. 우리가 하는 말 한마디가 우리의 생각뿐 아니라 삶의 태도, 인간관계와 경력까지 모든 부분에 영향을 끼치기 때문입니다.

◉ 말은 나의 마음과 생각을 결정한다 ◉

눈앞에 짜증이 나는 일이 벌어졌을 때, 화가 치밀어 오를 때 부정적인 감정을 입으로 바로 뱉지 않는 것만으로도 상황이 조금은 달라질 수 있습니다. 짜증이 나는 기분조차 부정할 순 없습니다. 우리는 신이 아니니까요. 우리는 불안하고 불완전한 존재입니다.

하지만 그 감정을 말로 쏟아낸다고 해서 달라지는 것은 없습니다. 상황을 악화시킬 뿐이죠. 감정을 마음대로 조절할 수는 없지만 나쁜 감정이 흉기가 되어 입 밖으로 나오지 않도록, 그렇게 나온 말이 더 힘을 얻어 나 자신과 누군가에게 상처를 주지 않도록 통제하고 관리하는 건 얼마든지 할 수 있습니다.

말은 우리의 마음과 생각을 지배하고 우리의 미래를 결정짓기도 합니다. 2022년 카타르 월드컵에서 우리 축구대표팀이 12년 만이자 사상 두 번째로 원정 16강에 진출했죠. 필드 위에서 모든 것을 불태우는 태극 전사들의 투지는 수많은 사람에게 감동과 행복을 선물했습니다. 그런 카타르 월드컵에서 가장 화제가 되었던 것 역시 '말'이었습니다. 월드컵의 열기를 처음으로 직접 느껴본 MZ 세대들의 마음을 흔들었던 말이 있었죠?

'중요한 건 꺾이지 않는 마음'

끝까지 포기하지 않으면 기적을 이룰 수 있다는 이 말을 직접 증명해낸 우리 태극 전사들을 통해 많은 사람이 위로를 받았습니다. 이른바 '중꺾마' 신드롬이 생길 정도로 어딜 가나 이 기적의 문구가 들려왔습니다. 어쩌면 고작 말 한마디일 뿐인데, 이렇게 많은 사람의 마음에 울림을 주고 위로가 되고 도전이 될 수 있다는 사실이 참 신기하죠?

말의 힘은 정말 대단합니다. 말하는 일을 업으로 삼고 있는 저 역시 다시 한번 '꺾이지 않는 사명감'을 갖게 되었습니다. 그러다 문득 2002년 월드컵이 떠올랐습니다. 이번 카타르 월드컵에 '중꺾마'가 있었다면 2002년에는 온 국민이 한마음 한뜻으로 외쳤던 문구가 있었죠.

'꿈★은 이루어진다'

우리는 목놓아 외쳤던 그 말이 기적처럼 이뤄지는 경험을 했습니다. 모두 어렵다고 했지만 당시 축구대표팀은 4강에 진출했죠. '말이 씨가 된다'라는 말은 진실이 틀림없습니다. 늘 습관처럼 말하던 일이 실제로 이뤄지는 경험, 작은 말 한 마디가 기적을 불러온 경험, 우리는 이미 여러 번 함께 경험해서 알고 있잖아요.

지금 우리가 하는 말은 우리의 미래가 되고, 인생의 나침반이 되어 길을 알려줍니다. 그러니 부정적인 말보다 긍정적인 말, 자포자기하는 말보다 희망을 품은 말을 자주 하면 어떨까요? 말은 마치 마법과도 같아서, 매일 긍정적인 말을 하고 그대로 되기를 꿈꾸면 말 안에 담긴 힘은 더욱 강해질 겁니다.

66 —————————————————

말은 우리의 마음과 생각을 지배하고 우리
의 미래를 결정짓기도 합니다.

————————————————— 99

06

내 입이 모두
정답을 말하는 건 아니다

세상에 정답은 없다.
오직 질문이 있을 뿐이다.

-로버트 타운(Robert Towne)

◗ 열정을 식게 만드는 말 ◖

10년 차 직장인이 된 친구의 이야기입니다. 홍보 회사에서 일하는 친구는 학창 시절부터 매사에 열정적이었어요. 직장인이 되어서도 자기가 하는 일을 좋아하고 일한 결과도 큰 기복 없이 꾸준히 좋아서 모두에게 인정받았습니다. 얼마 전에는 회사에서 진행하는 중요한 프로젝트 담당자로 선발되었는데요. 프로젝트를 진행하는 몇 년 동안 다른 팀에 파견되는 형태로 일하게 되었습니다.

당연히 원래 팀에서 하던 일에서는 잠시 빠질 수밖에 없었습니다. 두 팀의 일을 동시에 하는 것은 물리적으로 불가능했으니까요. 친구는 팀을 대표해서 가는 것이나 다름없으니 잘하고 오라는 팀원들의 응원을 받으며 자리를 옮겼습니다.

낯선 환경에서 열심히 적응하고 일하던 어느 날, 원래 있던 팀의 팀장에게서 연락이 왔습니다. 팀원들이 돌아가면서 하던 야근을 팀을 옮긴 후에도 계속해야 한다며 연락한 거였습니다.

"○○ 씨, 팀을 옮긴 건 알겠는데 어쨌든 원래 하던 야근은 계속해야지. 예전부터 정해진 거잖아."

친구는 그 말이 이해되지 않았습니다. 공식적으로 다른 팀으로 자리를 옮기고 업무를 받아서 일하고 있는데, 이전 팀의 일까지 하는 건 불가능한 일이었습니다. 친구는 분명하게 해두어야겠다는 생각에 용기를 냈습니다.

"팀장님, 죄송하지만 어려울 것 같습니다. 공식적으로 이 팀의 일을 제가 맡아서 하고 있고, 여기서 저는 지금도 매일 야근입니다. 제가 이 프로젝트를 하는 동안은 물리적으로 어렵습니다."

친구는 차분하게 지금의 상황을 이야기했습니다. 하지만 팀장은 친구의 사정을 들으려고도 하지 않았습니다. 이전에 세운 원칙을 지켜야 한다는 말만 반복할 뿐이었습니다.

"안 돼. 원칙대로 해."

이미 다른 팀에 가서 일하는 사람에게 이중으로 업무를 하라는 지시가 친구는 부당하다고 생각했습니다. 상황을 아무리 설명해도 원칙을 내세우며 주장하는 팀장에겐 말이 통하지 않았습니다. 그래도 오랫동안 함께 일하면서 많이 의지하던 회사 선배였는데, 자신을 그렇게 몰아붙이는 것이 이해가 되지 않았습니다. 팀의 대표로 뽑혀서 갔으니 잘하고 오라고 응원은 해주지 못할망정 상황을 고려하지 않은 채 무작정 일을 떠안기려 하니 의욕도 사라지고 프로젝트에도 집중하지 못했습니다.

친구는 옮긴 팀에서 9시에 출근하고 22시에 퇴근했기 때문에 이미 주 52시간을 훨씬 초과해서 근무하고 있었습니다. '원칙적으로' 친구는 이전 팀의 일을 할 수 없는 상황이었죠.

결국 원칙을 좋아하는 그 팀장이 한발 물러나게 되었답니다. 일은 잘 해결되었지만, 친구는 팀을 대표해서 일하면서도 늘 찜찜한 기분을 느껴야만 했습니다. 마치 해야 할 일을 하지 못한 죄인 같은 기분이 들었죠.

◗ 세상에 완벽한 사람은 없다 ◖

친구의 일화를 들으면서 남의 이야기 같지 않았습니다. 사회생활을 하다 보면 이런 사람들을 종종 마주하게 되거든요. '내가 하는 말은 다 정답이야!'라고 생각하고 말하는 사람들이요.

"내 말이 무조건 옳아."
"아니야. 너는 틀렸어. 잘못 생각하고 있는 거야."
"원칙적으로 이게 맞아."

상황이나 상대를 고려하기보다는 자신이 정한 원칙이나

머릿속의 지식을 앞세워 말하는 사람들. 이런 사람들과는 짧은 대화조차 쉽지 않습니다. "내가 봤을 땐 그건 원칙에서 벗어나. 안 돼." 처음부터 이런 말을 들으면 대화를 시작하기도 전에 마음의 문을 닫게 됩니다. 그러지 말고 좀 더 대화해봐야 하겠지만, 지금까지의 경험으로 봤을 때 '아, 이 사람은 말이 안 통하겠다. 어차피 내 말을 들으려고 하지도 않을 테니까'라고 생각하게 되는 거죠.

원칙, 정말 중요합니다. 기준이 있어야 많은 일이 원활하게 돌아가는 것도 맞습니다. 하지만 그만큼 중요한 것은 다른 사람의 이야기를 들을 줄 아는 열린 마음입니다. 결국 사람의 마음을 움직이는 건 원칙이나 지식이 아니라 작은 관심입니다.

한 걸음 더 나아가 생각해보면 세상에 완벽한 정답은 없습니다. 내가 반드시 옳은 것도, 상대가 반드시 옳은 것도 없습니다. 그 누구도 완벽하지 않습니다. 옳다고 생각했던 일도 나중에 다시 생각해보면 반드시 그렇지만은 않았다는 걸 깨닫게 됩니다. 그러니 여유를 갖고 상대의 이야기를 들어보세요. 오가는 대화 속에서 진짜 답을 찾을 겁니다.

66 ━━━━━━━━━━━━━━━━━━

원칙, 정말 중요합니다. 하지만 그만큼 중
요한 것은 다른 사람의 이야기를 들을 줄
아는 열린 마음입니다. 사람의 마음을 움직
이는 건 원칙이나 지식이 아니라 작은 관심
입니다.

━━━━━━━━━━━━━━━━━━ 99

타인의 말을 현명하게
전달하는 법

말은 세상을 바꿀 수 있다.
그러므로 말을 잘하라.

-소크라테스(Socrates)

◗ 칭찬이 아니면 말을 전하지 마라 ◖

어느 날 아침, 출근하자마자 선배님 한 분이 저를 불러 이렇게 말했습니다.

"재은 씨, 오늘 ○○ 씨가 방송하는데 지난번이랑 똑같은 실수를 하더라고. 발음도 틀리고 장단음도 틀리고 말이야."

"그렇죠. 아마 헷갈렸나 봐요."

"재은 씨가 좀 전해줘. 발음 좀 신경 써달라고."

"선배님, 죄송하지만 선배님이 직접 알려주시는 게 좋을 것 같습니다."

이처럼 누군가에게 말을 전해달라는 부탁을 받는 경우가 종종 있습니다. 저는 거절을 잘 못하는 성격이지만 이런 부탁만큼은 단호하게 거절합니다. 타인의 말을 전달하는 것은 정말 어렵고 위험한 일이기 때문이죠. 전달하는 과정에서 원래의 의도가 변질될 수도 있고, 직접 얼굴을 보고 하는 말이 아닌 만큼 듣는 사람의 기분을 헤아릴 수 없으니까요.

앞의 사례에서 선배가 해준 이야기를 실수한 사람에게 전하는 것은 그리 어려운 일이 아닙니다. 하지만 실수한 사람 본인이 제일 속상할 텐데, 그런 말까지 '전해' 듣는다면 어떨까요? 아마 그 순간 잘못은 생각도 나지 않고 민망하기만 할 겁니다. 상대의 입장에서 생각을 해보면 답이 나옵니다. 직접 실수에 대해 이야기하면 당사자와 지적하는 사람 둘만 아는 일이 되지만, 제3자가 끼는 순간 당사자의 잘못을 아는 사람이 한 명 더 늘어나는 거니까요.

저도 신입 아나운서 시절에 비슷한 경험을 했습니다. 스포츠 프로그램을 진행할 때였는데, 처음 MC를 맡게 된 프로그램이라 의욕이 앞선 나머지 저와는 어울리지 않는 조금 과감한 스타일을 시도한 적이 있었습니다. 방송이 나간 이후 한 선배가 저를 불러서 이렇게 말했습니다.

"재은아, 다른 부서 선배가 네 방송을 보다가 깜짝 놀랐대."

"왜요? 선배님?"

"옷이 너무 별로라고, 네가 누구냐고 물어보더라고. 우리 회사의 아나운서가 아닌 줄 알았대."

"아, 정말요? 선배님, 죄송합니다. 앞으로 옷 선택할 때 주의하겠습니다."

후배를 관심 있게 지켜보고 조언해준 다른 부서의 선배에게 감사한 마음이 들었지만 시간이 지날수록 자꾸만 '전달한 그 말'이 떠올랐습니다. 일단 그 말을 선배에게 전한 '다른 부서 선배'는 누구일까? "우리 회사의 아나운서가 아닌 줄 알았대."는 무슨 의미일까? 그 옷이 그렇게 별로였을까? 내게 말을 전해준 그 선배는 그 말을 듣고 나를 어떻게 생각했을까? 나를 이상한 애라고 생각했을까? 너무 부끄럽다. 그런 것 하나 제대로 못하고 나는 대체 왜 이럴까…. 이런저런 생각들이 꼬리에 꼬리를 물고 이어졌고, 결국 제게 아나운서의 자질이 부족하다고 생각하기에 이르렀습니다. 사실 옷 하나 잘못 입었을 뿐인데 '실패자'가 되어버린 기분까지 들었죠.

어쨌든 그 뒤로 저는 의상을 선택할 때 더욱 신중해졌습니다. 결과적으로 보면 선배가 '전달한 그 말'이 큰 도움이 된 셈이었죠. 하지만 낮아진 자존감을 회복하는 데는 오랜 시간이 걸렸습니다. 아무리 도움이 되는 말이라도 칭찬이 아닌 한 기분이 좋을 리 없습니다. 게다가 전해 들으면 생각이 더 많아질 수 있습니다.

◉ 상대방을 배려하며 말을 전달하는 법 ◉

그 후로 칭찬이 아닌 말은 절대 전달하지 않는 것이 저만의 철칙이 되었습니다. 후배를 아끼는 마음에 섣불리 나서서 조언했다가 오히려 더 큰 상처를 줄 수도 있다는 사실을 잘 알고 있기 때문입니다. 어쩌면 오랫동안 마음에 남을 고민이 될지도 모르고, 열심히 성장하는 사람의 발목을 잡는 꼴이 될 수도 있으니까요.

"내가 아니라 다른 누가 그러는데…."

"누군가 그렇게 말하던데…."

"누가 전해달라는데…."

이렇게 시작하는 말들은 대부분 들어서 기분이 좋았던 적이 없었습니다. 그 사람을 위해서 하는 말이라면 직접 하면 될 텐데, 그러지 않고 누군가에게 전해달라는 건 그리 좋은 의도는 아니라는 게 분명합니다. 본인도 껄끄러운 말이라는 걸 무의식적으로 아는 거죠. 그리고 경험상 그 말을 했다는 사람보다, 그 말을 전하는 사람이 더 야속하게 느껴졌던 것 같아요. 왜 그 말을 전했는지, 그 말을 듣는 사람을 배려하는 마음이 있는지 속상한 기분이 들면서요.

그렇다고 '전하는 말'을 아예 무시하라는 건 아닙니다. 무관심으로 일관하거나 무책임하게 방치하라는 건 더더욱 아니에요. 전해달라는 말을 듣고 상대에게 꼭 필요한 말이라는 생각이 든다면 들은 그대로 전하지 말고 나의 언어로 바꿔서 전하는 게 좋습니다. 사실만 거칠게 말하는 것보다 상대방의 상황을 충분히 이해하고 공감하는 마음을 담아서 전하는 거죠.

"○○ 씨, 요즘 고생이 많지? 이번에 담당한 일 정말 어렵지? 나도 처음엔 어려웠어. 찾아보니까 이렇게 하는 게 좋겠더라. 참고하면 좋을 것 같아서 전해줄게. 그럼 오늘도 힘내!"
"재은아, 옷 선택하는 게 참 어렵지? 선배가 보기에는 제작진의 의견도 중요하지만 방송에 잘 어울리면서도 너한테 잘 맞는 옷을 입는 게 더 좋을 것 같아. 선배가 같이 한번 봐줄까?"

이처럼 '누군가에게 들었다는 것'보다 '내가 이렇게 생각한다'는 표현이 더욱 진정성 있게 느껴집니다. 상대방은 자신의 흠이나 실수가 소문처럼 떠돈다는 말이 좋게 들릴 리 없으니까요.

조금 장황하게 보이더라도 마음 상하지 않도록 신경 써서 말해주세요. 말로 인한 상처는 쉽게 아물지 않으니까요. 말을 하기 전에 듣는 사람을 조금만 더 배려한다면 말 한마디 때문에 사람을 잃는 실수는 하지 않을 겁니다.

> 타인의 말을 전달하는 것은 정말 어렵고 위험한 일입니다. 전달하는 과정에서 원래의 의도가 변질될 수도 있고, 직접 얼굴을 보고 하는 말이 아닌 만큼 듣는 사람의 기분을 헤아리지 못하기 때문입니다.

08

가스라이팅 언어에
흔들리지 말 것

말이 입힌 상처는
칼이 입힌 상처보다 깊다.

-모로코 속담

◉ 다정함을 가장한 가스라이팅의 말 ◉

고백할 게 있는데요. 오랫동안 마음속으로 미워했던 사람이 있었습니다. 아무리 긍정적으로 바라보려고 발버둥 치고 노력해봐도 잘 되지 않았어요. 원수를 사랑하라는 말도 있는데 사랑은커녕 같은 공간에 있는 것조차 힘들 만큼 미웠습니다. 누군가를 좋아하는 것이 참 힘든 일이라는 사실을 알게 해준 사람, 동시에 나의 부족함을 깨닫게 해준 고마운 사람이기도 합니다.

시작을 거슬러 올라가 보면 역시 모든 것이 말 때문이었습니다. 선배였던 그 사람은 말을 권력처럼 휘둘렀습니다. 그럴듯한 말로 사람을 꾀어내는 사람이었죠.

"잘되고 싶으면 내 말만 잘 들으면 돼."

"그냥 내가 시키는 대로만 해."

이런 강압적인 말로 힘없는 후배들을 길들여 그 위에 군림하는 사람이었습니다. 요즘 사회적으로 문제가 되고 있는 이른바 '가스라이팅'이었죠.

저는 2012년에 MBC에 입사했습니다. 당시 아나운서 동기는 한 살 터울의 언니와 저, 단둘뿐이었어요. 여자 아나운서 두 명이 입사했으니 자연스럽게 비교 대상이 될 수밖에 없었습니다. 선의의 경쟁을 응원하는 선배도 있었지만 반대로 끊임없이 비교하는 말들로 이간질하는 사람들도 있었죠. 그 사람도 그중 한 명이었습니다.

"네 동기는 입사하자마자 프로그램도 많이 하고 잘나가는데 너는 어떡할래?"

"다 널 위해서 하는 말이야. 새겨서 들어."

"내가 괜히 그러겠니? 다 너 잘되라고 하는 말이야. 내 맘 알지?"

이렇게 다정함을 가장한 말들이 대놓고 내뱉는 거칠고 날카로운 말보다 더 아프고 무서웠습니다. 겉으로는 꽃다발을 주는 척하면서 들이대지만 막상 받고 보면 그 안에 뾰족한 흉기가 숨겨져 있지요.

그런 말, 그런 사람은 어떻게든 피하는 게 상책이지만 이제 막 사회생활을 시작한 저로서는 그조차 어려웠습니다. 그 사람의 이야기를 들을 때마다 저 자신이 하찮고 가치 없는 사람으로 느껴졌어요. 저는 뭘 해도 안 되는 쓸모없는 사람처럼 느껴졌습니다. 너무나 사랑하고 동경하던 회사를 그만두고 싶다는 생각이 들 정도로 힘들었어요.

당시에는 이게 바로 말로만 듣던 '사회생활'인가 보다 싶었습니다. 하지만 나중에 돌아보니 저는 매일 가스라이팅을 당하고 있었습니다. 그땐 그 선배가 너무 커 보였고 그 말들이 정답인 줄 알았어요. 선배의 거친 말들이 제 눈을 가리고 있어서 더 먼 곳을 보지 못했고, 자유롭지 못했습니다. 혹시라도 선배 귀에 들어갈까 봐 겁이 나서 다른 사람들에게 제대로 하소연도 하지 못했습니다.

◉ 내 마음을 흔드는 말에 단호하게 대처하는 법 ◉

그러던 어느 날이었습니다. 그날도 선배는 자기의 힘이 얼마나 강한지, 자기 말을 안 들으면 어떻게 되는지 열심히 저를 길들이려고 했습니다. 저는 이대로는 안 되겠다 싶은 마음에 용기를 냈습니다.

"선배님, 죄송하지만 다시는 제게 그렇게 말씀하지 않으셨으면 좋겠습니다."

마음에 오랫동안 묵혀둔 말을 후련하게 쏟아냈습니다. 두려운 마음과 분노가 뒤섞여 가슴이 쿵쾅쿵쾅 뛰었지만, 뛰는 가슴을 억누르며 최대한 절제해서 예의 있게 제 생각을 이야기했어요.

지금은 제 생각이나 의견을 말하는 게 별로 어렵지 않지만, 이제 막 방송을 시작한 신입이었던 당시에는 정말로 큰 결심과 다짐이 필요했습니다. 막상 용기 내어 말하고 나니 그동안 두려움과 분노, 괴로움으로 가득했던 마음이 조금은 후련해지더군요. 왜 진즉 용기 내어 말하지 못했을까 후회했습니다.

그 후 선배와 저는 어떻게 됐을까요? 선배가 자기의 잘못을 깨닫고 변화되는 해피엔딩이라면 좋았겠지만 그런 드라마 같은 일은 일어나지 않았습니다. 나아진 것은 없었습니다. 엄청난 용기를 내어 선배에게 제 생각을 말했던 그 일은 '얘가 조금 혼나더니 대들더라'라는 식으로 소문이 났습니다. 예전처럼 대놓고 가스라이팅을 하지는 않았지만 뒤에서 다른 사람들에게 제 험담을 하는 등 괴롭힘은 계속됐습니다.

사람은 쉽게 변하지 않습니다. 사람이 바뀐다는 것은 인간의 영역이 아닌 신의 영역이라는 생각이 들 만큼 어려운 일이라고 생각합니다. 그러니 사람이 하는 말도 단번에 바꾸는 것역시 어렵습니다. 하지만 말을 바꾸면 사람도 바뀐다는 걸 그일을 통해 알게 되었습니다.

선배는 그대로였지만 그 후로 저는 확실히 달라졌습니다. 더는 그 선배가 무섭지 않았거든요. 그동안 너무 커 보였던 선배의 그림자에 가려서 보지 못했던 것들이 보이기 시작했습니다. 몇 마디 말에 휘둘려 제 존재를 의심했던 것도 더 이상 하지 않게 되었습니다. 용기를 내어 당당하게 맞서고 나니 마음이 한결 단단해졌기 때문입니다. 그렇게 스스로 바뀌고 나니 사회와 주변을 바라보는 시선도, 태도도 조금씩 바뀌어갔습니다.

◖◗ 나를 위해, 남을 위해 용기 내어 말하기 ◖◗

상대에게 해야 할 말을 할 때 자칫 '날카롭게 말한다'고 오해하는 사람들도 있습니다. 하지만 힘든 상황을 괜찮다는 말로 계속 참는 것은 나 자신뿐만 아니라 상대방에게도 폭력이 될 수 있습니다. 해야 할 말을 정확하게, 부드러운 말투로 하는 것도 어떻게 보면 내가 나에게 다정해지는 방법입니다. 그러니 용기를 내서 말하세요. 나를 위해, 상대방을 위해 용기를 내세요.

말로 상처 주는 사람들 때문에 상처받지 마세요. 당당하게 맞서세요. 솟아오르는 감정을 숨기거나 무시하지 말고 그때그때 차분하게, 그러나 확실하게 말로 전달해보세요. 쓰레기 같은 말들을 참고 듣기만 하면 그게 쌓이고 쌓여서 결국엔 나의 마음을 오염시킵니다.

물론 나의 감정을 정리해서 차분하게 전달하는 일도 무수한 연습과 노력이 필요합니다. 하지만 하다 보면 자연스러워지고 나 자신에게도 당당해집니다. 내 감정을 존중했기에 자존감이 저절로 커지는 것이죠. 그러고 보면 다시 생각해도 그 선배는 참 고마운 사람입니다. 제게 당당하게 말하는 법을 가르쳐주었으니까요.

그때의 경험을 계기로 혹시 '나의 권위를 드러내기 위해 상대를 위협하고 괴롭히는 말'을 하고 있지는 않은지 돌아보게 되었습니다. 그리고 오늘도 다짐합니다. 무엇보다 '긍정적인 영향을 주는 말'을 하는 사람이 되어야겠다고 말이죠. 말을 무기로 쓰는 사람들은 언젠가 그 말이 자기 자신에게 돌아올 테니까요.

> 해야 할 말을 정확하게, 부드러운 말투로 하는 것도 어떻게 보면 내가 나에게 다정해 지는 방법입니다. 그러니 용기를 내서 말하세요.

09

마음밭을 가꿔야
말이 달라진다

경험이 많을수록 말수가 적어지고
슬기를 깨칠수록 감정을 억제한다.

-나폴레옹 1세(Napoleon I)

◖ 내 안의 모든 것이 말이 되어 나온다 ◗

"혹시 뉴스 진행하다가 방송 사고 날 뻔한 경험 있으세요?"

종종 이런 질문을 받곤 합니다. 그 답을 지금 처음으로 말하는데요. 방송 사고가 날 뻔한 상황은 거의 매일 벌어집니다. 생방송 뉴스를 진행하는 앵커들은 인이어(In-ear Earphones, 방송을 위해 귀 안에 넣는 이어폰)를 착용합니다. 인이어는 PD와 소통하는 도구라고 할 수 있죠. PD들은 인이어로 앵커에게 큐 사인을 주거나, 기사가 끝나갈 무렵 "마지막 문장입니다."라고 말하며 다음 뉴스의 진행을 유도합니다. 또 뉴스 중간에 순서가 바뀌거나 속보가 들어오거나 하면 인이

어로 진행 상황과 지시 사항을 전하죠. 이렇게 인이어를 통해 생방송 중에 제가 자주 듣는 말이 있습니다.

"재은 씨, 괜찮아요?"
"재은 씨, 지금 우는 거 아니죠?"
"자, 화내지 말고. 사고 나면 안 됩니다."

뉴스 중간에 PD 선배가 종종 다급히 외치는 말들입니다. 뉴스를 진행하다 보면 기사 내용에 몰입해 감정을 주체하기 어려울 때가 종종 있거든요.

"생활고에 시달리던 모녀가 스스로 목숨을 끊는 사건이 있었습니다."
"학교에 가던 초등학생이 음주 차량에 치여 목숨을 잃었습니다. 이번에도 아이들이 가장 안전해야 할 스쿨 존에서 벌어진 일이었습니다."

이렇게 가슴 아픈 소식을 전할 때면 저도 모르게 눈이 빨

개집니다. 혹시라도 눈물이 날까 봐 심호흡을 크게 하고 다음 멘트를 하려고 하지만 역시나 어김없이 목소리가 떨려옵니다. 그래서 그런 기사가 나가는 동안에는 일부러 화면을 보지 않습니다. 슬픈 감정에 동요하지 않고 아무렇지 않게 다음 기사를 소개해야 하니까요. 눈물은 어떻게 겨우 참는다고 해도 화가 나는 경우는 어쩔 수가 없습니다.

"세 살배기 아들을 방치해 숨지게 한 엄마를 경찰이 체포했습니다."

"아이의 온몸에 멍이 들어 있었습니다."

"미성년자들을 상대로 불법 촬영을 하고 유포한 일당이 경찰에 붙잡혔습니다."

보기만 해도 분노가 치밀어 오르는 소식을 전할 때는 화가 그대로 목소리에 담깁니다. 이렇게 매일매일 가슴 아픈 소식, 안타까운 사건·사고나 공분을 불러일으키는 소식 등 다양한 이야기를 접하다 보면 하루에도 몇 번씩 마음이 롤러코스터를 타듯 오르락내리락합니다. 쉽게 예민해지면서 감정 기복도 심해지죠.

화면으로 보면 피도 한 방울 안 나올 만큼 강해 보인다는 말을 듣곤 하는데, 실제로 저는 그렇지 않습니다. 앵커로서 최대한 감정 표현을 누르고 감추려 합니다. 순간의 감정에 매몰되기 시작하면 상황을 명확하게 바라볼 수 없고, 말에도 그 감정이 고스란히 드러나기 때문입니다. 무엇보다 다른 사람에게 그런 기분을 들킬까 봐, 혹시 뉴스를 보는 시청자들에게 제 기분이 고스란히 전해질까 봐 걱정이 됩니다. 특히 나쁜 감정에 너무 몰입하지 않으려고 노력하지요.

여러분도 혹시 그런 생각을 해본 적이 있나요? 나는 왜 이렇게 말할까? 내 말투는 왜 이럴까? 내 말을 마음대로 조절할 수 없는 순간이 오기도 하죠. 말은 마음에서 나오기 때문입니다. 그때의 감정, 내 생각, 나의 행동과 가치관, 내 안에 있는 모든 것이 말이 되어 나옵니다. 마치 거울처럼, 말은 내가 어떤 사람인지 보여주는 가장 정직한 통로이기도 하죠. 아무리 화려하게 포장하려고 해도 말에 담긴 그 사람의 진짜 모습을 감출 수는 없습니다.

내 마음에 더러운 것이 있으면 더러운 말이 나오고, 아름답고 예쁜 것들이 가득하면 좋은 말이 저절로 쏟아져 나옵니다. 늘 좋은 생각을 하고 좋은 일을 하며, 자기 이익만 추구하는 삶이 아닌 타인에게 도움이 되는 삶을 살고자 하는 사람들의 말을 주의 깊게 들어보세요. 말에서도 빛이 난다는 걸 알게 될 겁니다.

◉ 마음에 감사와 사랑의 씨앗 뿌리기 ◉

마음은 우리의 얼굴뿐 아니라 우리의 말에 반영되어 나타납니다. 그러니 마음, 즉 마음밭을 어떻게 일구고 가꾸는지가 매우 중요합니다. 밭을 가꿀 때는 씨앗이 땅에 뿌려져 줄기를 내리고 열매를 맺기까지 정말 많은 관심과 노력이 필요하지요. 물도 잘 주어야 하고, 햇빛과 바람도 잘 받게 해줘야 하고, 거름도 주면서 항상 잘 살펴야 합니다.

마음도 마찬가집니다. 마음밭이 비옥한 땅이 되도록 가꿔야 합니다. 부정적인 생각들이 해충처럼 마음밭을 훼손하지 않도록 수시로 살피고 점검해야 해요. 그리고 마음에 쌓여 있는 더러운 것들을 쏟아내는 시간이 필요합니다. 수시로 덜어내지 않으면 곰팡이가 피거나 찌든 때가 끼어서 쉽게 씻어내기조차 어려워지니까요.

새로운 것들이 잘 채워질 수 있도록 자주 깨끗하게 씻어내고 청소해야 합니다. 틈틈이 혼자만의 시간을 가지면서 마음을 비우고 정돈해보세요. 누군가에게 기대어 해결하려고 하지 마세요. 친구를 만나서 수다를 떨면 잠깐 기분은 좋아질지 모르지만 내 안에 있는 응어리는 스스로의 힘으로 풀어야 합니다. 밖으로 나가서 걷기도 하고, 하늘도 보고, 시간을 보내면서 자신을 스스로 살피고 돌봐야 합니다.

저는 혼자 있는 시간을 가지면서 감정을 해소하는 방법을 찾았습니다. 다음 장에서 더 자세히 설명할 텐데요. 혼자 조용히 있을 수 있는 시간을 내서 그 시간 동안 마음을 비워냈어요. 부정적인 마음이 정화될 때까지는 상당한 시간이 필요하기 때문에 잠깐 짬을 내는 것으로는 부족합니다. 좀 더 자신에게 관심을 두고 살피는 시간을 충분히 내야 합니다.

마음을 방치하거나 무관심으로 일관하다 보면 어느새 거

칠고 나쁜 땅이 되어 있는 걸 발견하게 됩니다. 마음도 부지런한 농부처럼 부단히 가꾸고 돌봐야 합니다. 아무리 품종이 좋은 나무도 때맞춰 거름을 주지 않고 돌보지 않으면 곧 말라 죽고 말죠. 아무리 좋은 땅도 방치하면 돌밭이 되고 무언가 자랄 틈이 없는 잡초 밭이 되어버려요. 마음밭도 똑같습니다.

좋은 밭에 뿌려진 씨앗은 30배, 60배, 100배의 열매를 맺는다는 말처럼, 더 큰 행복과 성공을 위해 마음밭을 가꾸는 일은 정말로 중요합니다. 우리의 마음이 감사와 사랑과 기쁨의 씨앗이 풍성하게 자라는 아름다운 밭이 되도록 잘 가꿔갔으면 좋겠습니다. 건강하고 아름다운 마음밭은 자신의 마음을 살피고 가꾸는 습관에서 만들어진다는 사실을 기억하세요.

66 ————————————————

마음을 방치하거나 무관심으로 일관하다
보면 어느새 거칠고 나쁜 땅이 되어 있는
걸 발견하게 됩니다. 마음도 부지런한 농부
처럼 부단히 가꾸고 돌봐야 합니다.

———————————————— 99

잠시 생각해보기

✦ 말 때문에 다시 만나고 싶은 사람이 있나요? 그 사람은 어떤
말, 어떤 말투를 사용했나요?

_____

_____

_____

_____

✦ 말 때문에 다시 만나기 싫은 사람이 있나요? 어떤 말이 가장
불편했나요?

_____

_____

_____

_____

2장

다정함은 자존감을 먹고 자란다

-다정한 말투를 키워내는 자양분, 따뜻한 마음과 태도-

작디작은 씨앗도 비옥한 밭에 심고 잘 가꾸면 크고 풍성한 나무가 되
듯이, 평소에 하는 날것의 말(씨앗)을 다정한 언어(나무)로 바꾸려면
좋은 마음의 밭이 필요합니다. 풍요롭고 여유 있는 마음, 단단한 마
음에서 다정한 말이 나오기 때문입니다. 2장에서는 건강한 마음밭을
만들기 위한 몇 가지 습관에 대해 알아봅니다.

소통의 기초체력,
자존감

당신이 누구인지 말하기 위해
누군가에게 의존할 필요는 없다.

-비욘세(Beyonce)

◗ 타인의 평가에 흔들리는 마음 ◖

새내기 아나운서 시절, 자존감이 바닥을 치던 때가 있었습니다. 오랫동안 꿈꿔온 아나운서가 되기 위해 무려 5차까지 이어진 길고 긴 입사 시험을 뚫고 드디어 합격 통보를 받았을 땐 제 인생에 꽃길만 펼쳐지는 줄 알았죠. 지겹도록 치렀던 시험이나 평가는 이제 끝이라고 생각했습니다. 하지만 아나운서의 삶은 하루하루가 또 다른 시험의 연속이었습니다. 무엇을 하든, 무슨 말을 하든, 누구를 만나든 늘 평가를 받았습니다. 다시 좋은 평가를 받고 좋은 결과를 내기 위해 발버둥질해야 했고 여기에 매달리다 보니 자존감은 저 아래로 추락할 수밖에 없었지요.

처음으로 스포츠 방송을 맡았을 때였어요. 기쁨과 설렘으로 정말 열심히 방송에 임했습니다. 방송에서 다루는 모든 스포츠 경기를 밤을 새워 전부 다 챙겨 보고, 중계가 있는 날이면 새벽 라디오를 마치고 지방에 내려가서 경기 리포팅을 하고 막차를 타고 올라오기도 했고요. 프로그램에 나가는 5분짜리 코너를 위해 다양한 종목의 선수들을 만나 인터뷰를 했습니다. 그때 제가 만나 인터뷰했던 선수들만 다 합쳐도 아마 수백 명은 훌쩍 넘을 거예요.

그렇게 열정을 다해 일했지만 제가 당시 주위 사람들로부터 들었던 평가는 이랬습니다.

"재은 씨는 정말 열심히는 하는데…. 뭔가 한 방이 부족해."

라디오를 진행할 때도 마찬가지였습니다. 매일 새벽 5시부터 두 시간 동안 진행되는 생방송을 위해 새벽 4시에 일어나 출근했습니다. 새벽 시간임에도 활기찬 목소리로 방송을 진행하기 위해 목에 좋다는 건 모두 챙겨 먹고 매일 성실하게 방송에 임했죠. 하지만 역시 세상의 평가는 냉정하고 가혹했습니다.

"음…. 이재은 아나운서는 목소리가 너무 밝아서 새벽 시간 DJ로는 안 어울리네요."

얼굴도 모르는 사람들의 댓글, 같이 일하는 선배들의 평가, 주변 사람들이 던지는 한마디 한마디가 너무 아프게 들렸습니다. 좋아하는 일이랑 잘하는 일은 다르다고 하던데, 혹시 제가 직업을 잘못 선택한 건 아닐까 생각해보기도 했지요. 오랫동안 확신을 품고 노력해온 일이었는데도 흔들릴 수밖에 없었습니다.

심지어 가까운 사람들의 조언에도 상처를 받을 때가 있었습니다. 어쩌다 들은 긍정적인 반응이나 칭찬마저도 있는 그대로 받아들이지 못하고 의심하는 지경에 이르고 말았죠. 당시엔 세상의 모든 말에 상처를 받았습니다.

더 큰 문제는 그런 마음이 결국 관계로까지 이어져 방어적인 자세를 취하게 되었다는 거예요. 한없이 부족해 보이는 제 모습에 자신감이 떨어졌고, 그럴수록 더 깊은 동굴 속으로 저를 몰아넣었습니다. 누구도 가까이 다가오지 못하도록 높은 벽을 세웠습니다. 당연히 입에서 나오는 말들 역시 방어적이고 가시가 돋아 있었을 겁니다.

"미안한데, 나한테 말 걸지 마."
"알겠으니까, 제발 저 좀 건드리지 마세요."
"네가 뭔데 나를 평가해?"

그렇게 저는 다시 사춘기로 돌아간 것처럼 가시 돋친 말들로 사람들을 공격했습니다. 저 자신을 보호한다고 했던 말들이었지만, 말을 무서운 흉기처럼 휘두르고 있었죠. 시간이 흐르고 보니 왜 그렇게 마음에 여유가 없었나 싶어요. 지금은 그냥 웃어넘길 수 있는 말들도 그때는 왜 그렇게 가슴 깊이 콕콕 상처가 되어 박혔는지…. 낮아지다 못해 저 멀리 추락해 버린 자존감 때문이었습니다. 그렇게 깊고 깊은 동굴 속에서 홀로 길고 긴 시간을 보냈습니다.

◉ 마음밭을 돌볼 때 자존감이 싹튼다 ◉

혼자 오랜 시간을 보내며 처음으로 사람들의 시선과 평가에서 벗어나 저 자신에게 집중하는 시간을 가졌습니다. 가장 먼저, 제가 가고자 했던 목적지가 어디였는지를 생각했어요. 그리고 그 목적지를 향해 다시 방향키를 잡았습니다. 저를 지금 여기까지 이끌었던 제 인생의 목적, 즉 아나운서가 되어 소외된 사람들의 목소리가 되고 싶었던 소명을 다시 붙잡은 것이죠.

목적이 없는 삶은 늘 불안하고 흔들리지만 확실한 목적을 향해 달려가는 사람은 쉽게 지치지 않습니다. 물론 목적지까지 가는 그 길은 넓은 광야처럼 막막하고 끝이 없습니다. 정해진 길이 아닌 새로운 길을 찾으려면 장애물을 수없이 넘어야 하고 시간도 더 오래 걸릴 수밖에 없습니다. 하지만 확실한 목적을 붙들고 있다면 아무리 지쳐도 포기하지 않고 끝까지 달려갈 수 있어요.

그렇게 저는 혼자 있는 시간을 통해 다시 제 삶의 목적을 붙들었고, 자존감을 회복하기 위한 노력을 시작했습니다.

하루를 조금 더 일찍 시작하고, 꼼꼼하게 오늘의 계획을 세우고, 좋은 습관을 들이고, 늘 감사한 마음으로 주어진 시간을 차곡차곡 쌓아가기. 황량해진 마음밭을 차근차근 일궈나갔습니다. 천천히, 서두르지 않고 마음을 소중하게 돌보는 시간을 갖다 보니 바닥을 쳤던 자존감도 조금씩 회복되기 시작했습니다. 일희일비하지 않고 하루를 정직하게 쌓아 올리는 것만으로도 자신감이 생겼죠. 전처럼 다른 사람의 시선을 의식하지 않고 세상의 평가를 두려워하지 않게 되었습니다. 남들이 생각하는 제 모습이 아니라 제가 바라고 제가 좋아하는 저의 모습에 집중하게 되었기 때문이죠.

내가 어떤 사람인지, 무엇을 향해 나아가고 있는지, 무엇을 잘하는지, 무엇을 좋아하는지 확실히 알고 있으면 그 누구도, 그 어떤 말도 내게 영향을 줄 수 없습니다. 쉽게 흔들리지 않습니다.

그렇게 혼자만의 시간은 제 마음밭에 좋은 비료가 되었습니다. 상처 입은 마음은 의외로 간단하게 치유됐습니다. 분노와 열등감은 감사와 확신으로 바뀌었고, 실수해도 유연하게 넘길 수 있는 여유도 갖게 되었죠. 어떤 비난이나 평가에도 흔들리지 않을 만큼 단단해지니 어느새 황량했던 마음밭도 기름진 땅으로 변해갔습니다.

자존감이 회복되니 관계를 맺고 소통하는 일도 약간의 연습으로 자연스럽게 해결되었습니다. 내 기준으로 누군가를 판단하거나 평가하지 않고, 조금 더 너그럽게 상대를 이해하고, 무엇보다 사람을 진심으로 대하게 되었기 때문입니다.

우리의 말은 마음의 열매입니다. 어떤 밭에는 탐스럽고 실한 열매가 열리지만, 어떤 밭에선 잎이 자라기도 전에 말라죽기도 하죠. 말의 씨앗이 던져지는 마음밭이 어떤 상태인지에 따라 그 열매는 완전히 달라집니다. 좋은 열매를 맺기 위해서는 그만큼 '밭'이 중요합니다.

평소 상처가 되는 말도 의연하게 받아들이고 담담하게 답하는 사람이 있습니다. 반대로 사소한 말에도 쉽게 상처받는 사람이 있습니다. 똑같은 상황에서도 누군가는 가시 돋친 말을 쏟아내고, 누군가는 햇살 같은 다정한 말을 건네기도 합니다. 이렇게 말을 건네고 받아들이는 태도가 다른 이유는 말이 자라난 마음밭이 다르기 때문입니다.

말을 다스리기에 앞서 마음을 다스리는 일이 우선이 되어야 하는 이유입니다. 마음밭에 제일 효과적인 비료는 무엇일까요? 바로 자기 자신을 사랑하고 존중하는 마음, '자존감'입니다. 나를 사랑하고 존중할 줄 아는 사람이 다른 사람에게도 존중과 사랑의 말을 할 수 있어요.

자존감은 소통의 첫걸음입니다. 그리고 좋은 소통은 건강한 인간관계를 만들지요. 나를 존중할 줄 아는 사람이 다른 사람도 존중할 수 있고, 내 마음이 충만하면 다정하고 따뜻한 말이 저절로 나올 수밖에 없어요. 이제 건강한 소통으로 나아가고, 좋은 인간관계를 만들기 위해 단단한 마음을 만들어주는 방법들을 함께 찾아볼까요?

"

내가 어떤 사람인지, 무엇을 향해 나아가고
있는지, 무엇을 잘하는지, 무엇을 좋아하는
지 확실히 알고 있으면 그 누구도, 그 어떤
말도 내게 영향을 줄 수 없습니다.

"

단단한 마음에서
다정한 언어가 나온다

자존감은 한 가지에서 나온다.
즉 당신이 가치 있다고 생각하는 것이다.

-웨인 다이어(Wayne Dyer)

◖ 여유를 뿜어내는 마음 ◗

주변 사람들에게 주의를 기울이고, 항상 미소를 잃지 않고, 늘 진심을 담은 말을 건네는 사람들이 있습니다. 그들이 삶을 대하는 태도에서는 여유가 느껴집니다. 똑같이 하루 24시간을 살면서도 시간에 끌려다니지 않고, 수많은 사람을 만나면서도 사람에 휘둘리지 않으며 삶의 모든 순간에 '나는 다 계획이 있어'라며 여유를 만끽할 것 같은 삶.

이런 사람들은 인생의 방향키를 자신이 쥐고 주도적인 삶을 살아갑니다. 다른 누군가나 상황에 떠넘기지 않아요. 그래서 어떤 상황에서도 조급해하지 않고 크게 동요하지 않습니다. 단순히 물질적인 풍요나 안정된 삶에서 나오는 여유가 아니라 뿌리부터 튼실하게 채워진 단단한 마음, 오랜 시간 다져진 깊은 내공에서 나오는 진짜 여유를 느낄 수 있지요. 어떻게 그런 마음을 가질 수 있을까요?

◖ 마음을 가꾸는 나만의 모닝 루틴 ◗

마음밭 가꾸기의 첫걸음은 하루의 삶을 잘 정돈하는 것에서 시작합니다. 믿기지 않겠지만 하루를 조금 일찍 시작하는 것만으로도 자존감은 놀라울 만큼 커집니다. 남들보다 일찍 하루를 시작했다는 만족감, 계획한 일들을 부지런하게 해냈다는 성취감은 앞으로 나아갈 추진력이 되죠.

아침에 일찍 일어나서 하루를 여유 있게 시작한 날과 허겁지겁 늦게 일어나 지각할세라 서둘러 출근하는 날이 얼마나 다른지, 다들 경험해봤을 거예요. 일찍 일어나 하루를 여유 있게 시작한 날은 분명 달랐을 겁니다. 왠지 걸음걸이도 힘차고 당당한 자세와 여유로운 표정으로 사람들을 대하며 매사에 자신감이 넘쳤을 거예요.

그런 마음의 여유는 잘 정돈된 일상과 삶에서 나옵니다. 여기서 중요한 것은 꾸준함입니다. 정성스럽게 차근차근 쌓아가는 하루의 루틴이 나만의 리듬을 유지하고 마음이 흐트러지지 않도록 안정감 있게 잡아줍니다.

실제로 저는 이른 아침에 일어나 하루를 시작하고 있습니다. 그리고 매일 아침 '나를 위한 시간'을 보내고 있어요. 새벽 기상을 시작한 후로는 출근 전까지의 시간 여유가 생기니 마음의 여유도 생기고, 더불어 생각을 정리하거나 하루 일정을 꼼꼼하게 체크할 수 있게 되었죠. 그러다 보니 그날 하루 무슨 일이 생겨도 당황하지 않고 거뜬히 해결할 수 있게 되었습니다.

밭을 가꾸는 일은 하루아침에 이루어지지 않습니다. 농부들의 하루를 떠올려보세요. 이른 아침 해가 뜨기도 전에 일어나서 부지런히 밭으로 향합니다. 밭에 가서는 벌레는 없는지 정성스럽게 살피고 잡초가 자라기도 전에 싹을 잘라줍니다. 쳇바퀴처럼 매일 똑같은 하루지만 지치지 않고 꾸준하게 밭으로 나갑니다.

오늘 일을 미루지 않고 그 어떤 핑계도 대지 않습니다. 변덕스러운 날씨에도 순응하며 주어진 하루를 받아들이죠. 정직하고 우직하게 그리고 겸손하게 온 힘을 쏟아붓습니다. 그렇게 흘린 땀방울은 마침내 결실을 보게 되죠. 우리의 마음밭을 일구는 일도 마찬가지입니다. 서두르지 말고 차근차근 하루하루 쌓아가야 합니다.

다음과 같은 체크리스트를 만들어 '나만의 모닝 루틴'으로 하루를 시작해보는 건 어떨까요?

모닝 루틴 체크리스트

1. 매일 아침 눈 뜨자마자 하는 나만의 루틴이 있나요?

2. 잠을 번쩍 깨게 해주는 특별한 행동이 있나요?

3. 출근하기 싫은 마음, 어제 일로 복잡한 마음을 정돈하게 해주는 나만의 명언이 있나요? 그 명언을 되새기는 시간이 있나요?

4. 직접 손으로 써가며 오늘 할 일을 정리하는 30분의 시간이 있나요?

모닝 루틴 예시 1

1. 매일 아침 눈을 뜨자마자 침대를 가지런히 정리한다.

2. 따뜻한 차 한잔을 마시며 잠을 깬다.

3. QT(Quiet Time, 명상 또는 묵상의 시간)를 갖고 마음을 정 돈한다.

4. 감사 일기를 쓴다.

5. 20~30분 동안 오늘의 일정을 정리한다.

모닝 루틴 예시 2

1. 기상 알람이 울리면 바로 일어나 간단한 스트레칭을 한다.

2. 꽃향기를 풍기는 아로마 오일을 맡으며 잠을 깬다.

3. 시집을 읽으며 마음에 드는 구절을 필사한다.

4. 10~15분 동안 스케줄러를 채운다.

아침 일찍 일어나서 나를 위한 시간을 가져보세요. 아직 소 란하지 않은 조용한 아침 시간, 따뜻한 차를 마시며 하루를 시작하는 거예요. 오늘 나에게 주어진 소중한 시간을 기대하 는 마음으로 하루를 계획해보세요. 시간을 적극적으로 사용하는 것만으로도 삶이 놀라울 정도로 달라지는 경험을 하게 될 겁니다. 내가 계획한 대로 하루를 살아갈 때 자존감은 저절로 솟아날 거예요.

아침 시간에 그동안 해보지 못했던 것들을 시도해도 좋습니다. 운동하기, 인터넷 강의 듣기, 글쓰기 등 하루 30분에서 1시간이면 충분합니다. 저 또한 직장인이 하기 어렵다는 새로운 일에 도전하기도 했어요. 그중 유튜브 채널 개설이 있습니다. 한 조사에 따르면 직장인들이 가장 많이 하는 말버릇 중 하나가 "나 내일부터 유튜브 한다."라고 합니다. 바쁜 삶에 치여 실천은 못하고 있지만 말예요. 하지만 저는 시간이 없다는 핑계를 뒤로하고 이른 아침에 일어나 유튜브를 시작하고 영상을 업로드하고 있죠. 이렇게 아침 시간은 무슨 일이든 해낼 수 있는 무한한 가능성을 품은 시간입니다.

하루하루, 시간을 단단히 쌓아가는 삶을 살아가는 사람들의 진가는 다른 사람과의 소통에서 발휘됩니다. 이런 사람은 다른 사람과의 대화에서 자신이 주인공이 되려고 하지 않습니다. 자신의 의견을 고집하려 하지 않고, 억지로 이해받으려 하지도 않으며, 일방적으로 무리해서 대화를 이어나가려 하지 않습니다.

그리고 상대방을 배려하는 자세로 말합니다. 많은 말을 하지 않아도, 목소리를 높이지 않아도 자기 뜻을 명확하게 전달합니다. 무엇보다 다정하게 말합니다. 나의 기분과 말 그리고 상대방을 돌아볼 줄 아는 마음의 여유가 있기 때문이죠. 좋은 말을 건네기 위해, 좋은 관계를 맺기 위해 가장 먼저 챙겨야 하는 것, 바로 나를 위한 여유의 시간입니다.

> 오늘 나에게 주어진 소중한 시간을 기대하는 마음으로 하루를 계획해보세요. 시간을 적극적으로 사용하는 것만으로도 삶이 놀라울 정도로 달라지는 경험을 하게 될 겁니다.

03

인생은
상대평가가 아니다

당신은 있는 그대로 완벽하다.

-루이스 헤이(Louise Hay)

"네 형은 안 그러는데 넌 왜 말을 안 듣니?"

"옆집 애는 유명 대학에 합격했다더라."

"넌 언제 취업할래?"

"네 친구는 대기업에 들어가서 벌써 집도 사고 결혼도 한
다더라."

이렇게 누군가와 비교하는 말을 많이 듣고, 많이 하는 것
같아요. 오랫동안 남과 비교하는 말을 들으며 그에 익숙해지
다 보니, 삶의 기준이 내가 아닌 타인에게 맞춰져 있습니다.
나 자신에게 집중하기보다 다른 사람들에게 시선을 둘 때가
많죠. 때로는 시기와 장소, 상황에 따라 비교의 대상을 바꿔
가면서 내가 지금 어디쯤 가고 있는지, 얼마나 더 가야 하는

지 가늠해보기도 합니다.

'다들 앞서가는데 이러다 나만 뒤처지는 건 아닐까?'
'내 것은 왜 이렇게 초라해 보이지?'
'저 친구가 가진 게 더 커 보이는데. 내가 잘못된 걸까?'

어느새 비교의 대상이 곧 나의 목표가 되어버리기도 합니다. 그 사람보다 앞서 나가려고 전전긍긍하다가 정작 나는 어디로 무엇을 향해 가고 있는지, 진짜 목표와 방향을 잃는 거죠.

◉ 비교는 비극의 시작이다 ◉

제게도 그런 사람이 있었습니다. 늘 비교하게 되는 사람 말이에요. 왜, 주변에 그런 친구들 있잖아요. 별로 노력하지 않는 것 같은데도 원하는 걸 다 얻고, 가만히 있어도 모두에게 주목받는 것 같은 친구 말이에요. 그 친구는 그런 사람이었습니다. 저는 며칠 밤을 꼬박 새우고 노력해도 친구의 그림자에 가려져 작은 빛조차 내지 못했습니다. 똑같은 일을 해도 언제나 그 친구만 주목받았고 모든 칭찬을 독차지했죠. 온갖 스포트라이트는 다 가져가는 친구 때문에 저는 늘 들러리가 된 기분이었습니다.

그러다 보니 무슨 일을 하든 그 친구와 비교하게 되었습니다. 나는 이만큼 왔는데 그 애는 어디쯤 가고 있는지, 이리저리 재보기 시작했죠. 나의 꿈과 목표가 어느새 '그 친구'가 되어버리고 만 거예요. 세상의 모든 것이 그 친구 중심으로 돌아가기 시작했고, 내 인생이라는 드라마의 주인공은 더 이상 내가 아니라 그 친구가 되어버렸지요. 내 삶을 내가 살아가지 못하고 그 친구를 따라가느라 몹시도 허덕였습니다.

이쯤에서 다른 이야기를 해볼까 해요. 토끼와 거북이의 이야기, 다들 아시죠? 류인현 목사의 《거북이는 느려도 행복하다》라는 책을 보면 거북이의 승리 이유를 이렇게 설명합니다.

"토끼의 목표는 경쟁에서 이기는 것이었지만, 거북이는 자신의 정체성을 자기 내면에서 찾았다. 애초에 거북이의 목표는 토끼를 이기는 것이 아니었다. 거북이의 목표는 경주를 완주하는 것이었다. 거북이는 자신의 느림을 알고 있었고, 자신의 느림을 토끼의 빠름과 비교하며 낙심하거나 좌절하지 않았다. 자신의 경주를 결코 포기하지 않았다."

거북이는 자신이 토끼가 아님을 한탄하거나 애써 토끼가 되려고 하지 않았습니다. 대신에 자기 자신을 있는 그대로 받아들였습니다. 마치 '느림의 미학'을 실천하고 있다는 듯이요. 그래서 토끼와 비교하는 것도, 경쟁하는 것도 의미가 없었던 거죠.

우리는 어떤가요? 끊임없이 비교하고 비교당하며 살다 보니 어느새 나의 모습이 아닌 세상의 가치와 기준만을 따라가고 있는 자신을 발견합니다. 예전 제 모습처럼요. 거북이처럼 자기 자신을 있는 그대로 받아들이고 시선을 결승선에 고정한다면 비교도 경쟁도 아무런 의미가 없어질 텐데 말이죠. 계속 토끼와 비교하며 나아갈 길을 재보고 꾀를 부리거나 여유를 부리지도 않을 겁니다. 그저 묵묵하게 나의 길을 걸어갈 수 있을 겁니다.

이기는 게 중요한 것이 아니라 마지막까지 경주를 끝마치는 게 더 중요합니다. 우리의 인생은 상대평가가 아니니까요. 더 나은 길도, 더 나은 인생도 없습니다. 그저 각자의 길을 달릴 뿐입니다. 성실하게, 묵묵하게, 오롯이 혼자서요. 그러니 비교할 이유는 더더욱 없습니다.

아까 이야기했던 제 비교의 결말이 어떻게 됐는지 궁금하시죠? 저도 거북이처럼 저 자신을 있는 그대로 받아들이고 묵묵하게 결승선을 향해 달려 나가기 시작했습니다. 명확한 목표를 세워서 한 발 한 발 내디뎠죠. 한 달에 책 세 권 읽기, 매일 아침 영어회화 수업 듣기, 30분간 운동하기 등 작은 목표부터 시작했습니다. 소소해 보이지만 이것들이 쌓이면 결국 나를 자라게 하는 자양분이 된다고 여겼습니다.

토끼처럼 방심하지 않고 어떤 요행도 바라지 않으며, 누구와도 비교하지 않고 차근차근 꾸준하게 나아가다 보면 언젠가 목적지에 다다를 거라고 생각했습니다. 더는 내 인생의 주인공 자리를 그 친구에게 내어주지 않겠다고 다짐했지요.

◐ 시선을 남이 아닌 나에게로 돌리기 ◑

비교는 나 자신을 갉아먹는 가장 해로운 일입니다. 시선을 나에게 돌리는 연습이 필요합니다. 비교하는 말을 먼저 멈춰보는 건 어떨까요? 다른 사람의 시선이나 인정이 아니라 오직 나 자신에게 집중하는 거예요.

모든 드라마에는 주인공이 있고, 그 주인공의 성장 스토리를 완성하기 위해 마련된 여러 고난과 역경 그리고 라이벌이 있습니다. 그런 상황에서도 주인공은 꿋꿋하게 자기의 길을 걸어갑니다. 아무리 잘난 사람이 있어도 자신의 처지와 비교하지 않아요. 사람들이 뭐라고 하든 개의치 않고, 오히려 온갖 방해물을 동력 삼아 거침없이 나아가죠. 그리고 우리는 알고 있습니다. 주인공은 절대 지지 않는다는 사실을요! 혹시 실패한다고 하더라도 결국 실패를 밑거름 삼아 '오히려 좋아'의 결말이 될 거라는 사실을 우리는 알고 있습니다.

다른 사람과 비교하느라 인생의 주인공 자리를 다른 사람에게 내어주지 마세요. 지금처럼 꿋꿋하게 나아가다 보면 결국 해피엔딩이 될 테니까요.

66 ━━━━━━━━━━━━━━━━━━━━━

이기는 게 중요한 것이 아니라 끝까지 경주
를 끝마치는 게 더 중요합니다. 우리의 인
생은 상대평가가 아닙니다.

━━━━━━━━━━━━━━━━━━━━ 99

04

스스로에게 먼저
따뜻한 말 건네기

남의 입에서 나오는 말보다도
자기의 입에서 나오는 말을 잘 들어라.

-탈무드

◉ 남과 달라서 '오히려 좋아' ◉

"재은 씨는 뉴스에 어울리는 외모는 아닌데."

"뉴스를 진행하기엔 이미지가 너무 발랄한데."

"재은 씨한텐 스포츠나 예능이 더 어울려."

2018년, 〈뉴스데스크〉 앵커를 뽑기 위한 사내 오디션이 벌어졌을 때 일입니다. 다양한 방송을 경험하며 많이 성장했다고 생각했지만 저를 향한 세상의 평가는 처음과 크게 달라지지 않았습니다. 외모나 이미지, 목소리, 말투 등 눈에 보이는 것들에 대한 평가는 여전했죠. 실제로 〈뉴스데스크〉 앵커에 지원한 당시의 제 모습은 전통적인 아나운서, 우리가 흔히 보며 자랐던 앵커의 이미지와는 많이 달랐어요.

무게감이나 신뢰감보다는 정돈되지 않은 날것 그대로의 모습이었습니다. 아마 예전 같았다면 사람들의 그런 평가에 흔들렸을 거예요. 일부러 목소리를 낮게 깔아보기도 하고, 이렇게 저렇게 흉내도 내보고, 화장이나 의상으로 남들과 다른 '나의 모습'을 최대한 감추려고 했을 겁니다.

하지만 삶의 목적을 다시금 붙들고 그동안 쌓아왔던 노력을 돌아본 이후로는 달라졌습니다. 여전히 부족한 점은 있었지만 그래도 스스로에 대한 확신이 생겼거든요. 그래서 그냥 있는 모습 그대로 오디션에 임했습니다. 조급해하지 않았고, 욕심부리지 않았습니다. 오디션을 잘 봐서 반드시 앵커가 되어야겠다는 마음보다는 이 또한 차근차근 나아가는 과정이라는 생각으로 임했습니다.

그런데 반전이 일어났습니다. 누구도 '앵커감'이라고 생각하지 않았던 제가 〈뉴스데스크〉 앵커로 발탁이 된 거예요. 저뿐만 아니라 모두가 깜짝 놀란 결과였죠. 아무도 제가 선발될 거라고는 예상하지 못했거든요. 당시 10명이 넘는 보도국과

아나운서국 팀장들이 오디션 심사를 했었는데, 심사에 들어
갔던 선배들이 제게 이렇게 말했습니다.

"재은 씨는 뭔가 달라서 좋았어."

콤플렉스처럼 느껴졌던 나의 다른 모습 덕분에 〈뉴스데스
크〉 앵커가 되었다니…. 앵커로 선발됐다는 사실보다 사람들
이 제 모습 그대로를 인정해줬다는 사실에 더 놀라고 감사했
습니다. 그동안 부족해 보여서, 남들과 달라서 감추려고만 했
었는데 이런 기적 같은 일이 생기다니요!

자존감이 낮았던 시절의 제 모습과 결정적으로 달라진 것
이 있다면, 저를 향한 사람들의 평가를 마주하는 '자세'였습
니다. 저는 더 이상 약점과 부족함을 감추려 하지 않았습니
다. 제 모습을 인정하고 받아들이면서 완전히 달라진 거죠.
누군가와 똑같지 않고 다른 제 모습이 얼마나 특별하고 감사
한 일인지를 알게 되었고 그런 모습을 부끄러워하지 않기로
했습니다. 남과 다른 것이 '오히려 좋음'을 깨닫게 된 거죠.

◉ 나에게 따뜻한 사람이 남에게도 따뜻한 법 ◉

"나는 왜 이 모양일까? 왜 부족하지?"

"나는 왜 이것밖에 못 하지? 더 잘할 수는 없을까?"

"나는 왜 남들과 다를까?"

어쩌면 여러분도 혼자서 꽤 많이 하는 말들일 겁니다. 무심코 평소에 하는 말이지만 잘 들어보면 세상에서 가장 차가운 말입니다. 남들과 다른 나의 모습을 부끄러워하고 스스로 깎아내리고 있으니까요. 하지만 완벽하지 않아도, 모두에게 사랑받을 수 없어도 괜찮습니다. 더 이상 누군가 정해놓은 기준에 나의 모습을 끼워 맞추며 열등감에 사로잡히지 않았으면 좋겠습니다.

세상의 기준과는 조금 달라도, 아직은 부족하고 어리숙해도 나의 모습 그대로, 나답게 길을 걸어가는 것이 중요합니다. 세상의 평가에 움츠러들지 않고 당당하게 나의 부족함을 드러내는 것부터 시작해보면 어떨까요?

나의 다른 모습이 언젠가 그 누구도 대체할 수 없는 경쟁력이 될 테니까요. 나조차 내 모습을 인정하지 못하는데 어떻게 다른 사람의 다름을 인정하고 관계를 맺고 소통할 수 있을까요?

나 자신을 사랑할 줄 아는 사람이 다른 사람에게도 다정해 질 수 있습니다. 나에게 먼저 따뜻한 말을 건넬 줄 아는 사람이 다른 사람들에게도 그 온기를 나눌 수 있습니다. 지금 당장 거울을 보며 나에게 따뜻한 말, 다정한 말 한마디 건네보세요. "잘하고 있어!", "지금 그대로 아름다워!", "이대로 너는 충분해."라고요.

66

———————

세상의 기준과는 조금 달라도, 아직은 부족
하고 어리숙해도 나의 모습 그대로, 나답게
길을 걸어가는 것이 중요합니다.

———————

99

05

사소하지만 강력한
'응원의 말'

당신의 동의 없이는 아무도
당신에게 열등감을 느끼게 할 수 없다.

-엘리너 루스벨트(Eleanor Roosevelt)

◖ 마음의 소리를 듣는 시간 ◗

　일 욕심이 많은 저는 저 자신에게 인색했습니다. 아무리 내려놓으려고 노력을 해봐도 더 잘하고 싶다는 욕심만큼은 쉽게 포기할 수 없었거든요. 아마 저처럼 일 욕심이 있는 독자라면 이 이야기에 충분히 공감할 겁니다.

　무슨 일을 하든 스스로 부족하다는 생각 때문에 괴로웠습니다. 제가 정해놓은 엄격한 기준에 미치지 못하면 밤에 잠도 잘 자지 못했습니다. 뉴스나 방송 진행을 하다가 작은 실수라도 하는 날에는 종일 그 실수를 곱씹으면서 부정적인 감정과 생각에 휘둘렸습니다. 그럴수록 자신감은 떨어지고 무기력과 열등감, 두려움에 사로잡혀 더 이상 앞으로 나아가지도 못했습니다. 몸도 마음도 괴로운 시간을 보냈지요.

무엇이든 완벽하게 해내지 못하면 세상이 무너질 것처럼 좌절하고 자신을 괴롭히는 건 정말 건강하지 못한 행동이죠. 저처럼 어설픈 완벽주의자들이 흔히 저지르는 실수입니다. 이런 생각과 태도에서 어떻게 벗어날 수 있을까요?

저는 나와의 소통을 시작하면서 조금씩 달라졌습니다. 내 마음이 어떤 상태인지, 내가 원하는 게 무엇인지, 마음의 소리에 주의를 기울였습니다. 일단 하루에 30분 정도 시간을 내서 나에게 대화를 청했습니다. 쉽게 말해 혼잣말을 하는 건데요. 누가 보면 '저 사람, 이상하다'라고 생각할 수 있는 행동이지만 아주 효과적인 방법이었습니다. 제일 효과가 좋았던 건 나에게 건네는 '응원의 말'이었어요. "잘하고 있어.", "분명 잘될 거야." 같은 말들이요.

◗ '할 수 있다'는 기적의 주문 ◖

2016년 리우 올림픽 당시 '할 수 있다'를 외치던 펜싱 국가

대표 박상영 선수 기억하시죠? 에페 결승전에서 9 대 13으로 뒤처졌을 때 그 누구도 박상영 선수가 우승할 거라고 기대하지 않았습니다. 하지만 박상영 선수 자신은 달랐는데요.

'할 수 있다, 할 수 있다, 할 수 있다.'

그렇게 기적의 주문을 외우고 다시 일어선 박상영 선수는 15 대 14라는 대역전극을 만들어내며 금메달을 목에 걸었습니다. 오래전 이야기지만 그때의 놀라움과 감동은 아직도 생생하게 기억이 나요. 박상영 선수처럼 극적인 상황은 아니지만 저 역시 기적의 주문을 외우며 저 자신에게 응원을 건네곤 합니다.

"재은아, 괜찮아. 넌 해낼 수 있어!"
"지금까지도 잘해왔고 오늘도 잘할 수 있어."

스스로에게 건네는 응원의 말은 상상 이상으로 거대한 힘이 있습니다. 흔들리고 넘어져도 결국 나는 해낼 수 있다, 할 수 있다고 생각하게 됩니다. '내가 정말 할 수 있을까?' 하며 불안했던 마음이 평온해지고 위로와 용기도 얻게 되죠. 그리고 그렇게 자신을 응원했던 말이 정말 기적의 주문이 되는 경험도 종종 하게 됩니다.

"걱정하지 마."
"실수해도 괜찮아. 그만하면 잘했어."
"충분히 잘하고 있어."
"넌 분명히 잘될 거야."

내가 나를 믿고 응원하는 것만큼 세상에서 가장 강력한 힘은 없습니다. 사소한 말 한마디이긴 하지만 그 작은 말이 나 자신에게 미치는 힘은 엄청납니다. 나의 감정을 완전히 바꿀 수 있을 만큼요. 우울하고 무기력하고 두려운 마음도 나를 믿고 응원하는 말로 이겨낼 수 있습니다.

누군가 믿어주지 않아도, 주변의 칭찬과 응원이 없어도 내가 나를 믿어주고 응원해준다면 앞으로 나아갈 힘을 얻을 수 있습니다. 또 그런 과정을 통해 전에 알지 못했던 최고로 멋진 자신의 모습도 발견할 수 있습니다. 자신을 칭찬하고 응원하는 힘이 내 안의 가능성을 끌어낼 거예요.

● 사소하고 작은 것들의 힘 ●

코로나19를 겪으며 우리의 삶은 참 많이 달라졌습니다. 이제껏 경험해보지 못한 무력감과 우울감을 경험하면서 사소한 일상들이 얼마나 중요한지 절실히 깨닫게 되었지요.

말도 마찬가지입니다. 거창하고 비현실적인 말보다는 사소하고 진부하지만 진심을 담은 한마디가 더 크게, 진실하게 다가옵니다. 저 역시도 사소한 말 한마디지만 진심으로 저 자신을 응원하다 보니 더욱 힘을 낼 수 있었고, 덕분에 일을 할 때도 자신감이 생겼으며 사람 관계도 나아졌습니다. 개인적으로 '할 수 있다'는 믿음도 강하게 생겼습니다.

"어떻게 하루를 48시간인 것처럼 살아요?"

"그렇게 살면 행복해?"

"너무 피곤하고 재미없겠다."

"숨 막히고 답답해서 난 그렇게는 못 살 것 같아."

'갓생'을 산다고 하면 종종 이런 오해를 받습니다. 오해할 만합니다. 앞서도 이야기했듯 저는 이른 아침에 일어나 하루 일과를 30분 단위로 촘촘하게 계획하거든요. 5분, 1분의 작은 시간까지 낭비하지 않도록 말이죠. 예를 들면 '아침 회의', '뉴스 준비'에서 시작해 '신문 읽기', '양치하기', '커피 마시기' 등 소소한 일까지도 일정표에 적습니다. 그러니 다른 사람들 눈에는 열심히 살아야 한다는 강박 때문에 쉴 틈 없이 일만 하고 자신을 괴롭히는 삶이라고 보일 수 있는 거죠.

하지만 그건 정말로 '갓생'을 살아본 적 없는 사람들이 하는 오해입니다. 한 번이라도 그런 삶을 살아본 사람이라면 그 모든 과정이 '내가 행복하기 위한 것'임을 압니다. 남들보다 일찍 하루를 시작하고 확실한 목표를 세우고 단단한 계획을 바탕으로 정돈된 삶을 사는 것이야말로 나를 괴롭히는 게 아니라 더 오래, 더 멀리 나아가기 위한 원동력이 되어준다는 사실을 말이에요.

"오늘도 갓생을 살지 못했어. 나는 루저야."

"그럼 그렇지. 내가 어떻게 다른 사람처럼 열심히 살겠어?"

이런 부정적인 생각과 말을 격려와 응원의 말로 바꿔보세요. 나를 가장 잘 이해하고 사랑해줄 수 있는 사람은 나 자신이라는 사실을 잊지 않았으면 좋겠습니다.

"오늘도 열심히 하루를 살았어. 정말 대단해."

"갓생을 살지 못해도 괜찮아. 충분히 잘 살고 있어."

여러분은 자기 자신에게 얼마나 자주 다정한 말을 건네시나요?

66

내가 나를 믿고 응원하는 것만큼 세상에서
가장 강력한 힘은 없습니다. 사소한 말 한마
디이긴 하지만 그 작은 말이 나 자신에게 미
치는 힘은 엄청납니다. 나의 감정을 완전히
바꿀 수 있을 만큼요. 우울하고 무기력하고
두려운 마음도 나를 믿고 응원하는 말로 얼
마든지 이겨낼 수 있습니다.

99

자신감을 높여주는
공부의 힘

삶은 자기 자신을 찾는 여정이 아니다.
자기 자신을 만드는 과정이다.

-조지 버나드 쇼(George Bernard Shaw)

◗ 어른이 되어서도 공부하는 이유 ◖

일을 하다가 하루에도 몇 번씩 부정적인 생각에 휩싸일 때
가 있었습니다. 같이 뉴스를 진행하는 선배는 술술 잘도 써
내려가는 앵커 멘트를 저는 몇 시간이 걸려서야 겨우 써내곤
했습니다. 그러고 나서도 멘트를 제대로 썼을까, 기사의 의도
를 충분히 잘 담았을까, 걱정이 끊이질 않았지요. 무엇보다
뉴스에서 제가 하는 말 한마디가 얼마나 큰 영향을 미칠지 생
각하면 더더욱 부담이 크게 느껴졌습니다.

불안하고 부정적인 감정을 떨치기 위해 어떻게 해야 할지,
뉴스를 더 잘 진행하려면 무엇을 해야 할지 고민하다 한 가지
방법을 찾았습니다. 바로 매일 공부를 하는 거였습니다. 부족

함을 채우기 위해, 실수를 줄이기 위해, 주어진 일을 제대로
감당하기 위해서 말입니다.

◑ 무엇이든 아는 만큼 보이는 법이다 ◑

스포츠 방송을 할 때 있었던 일입니다. 스포츠 중계는 다른
방송과는 다르게 대본이 따로 없는데요. 그래서 2~3시간씩
이어지는 방송을 채우려면 10배 이상의 시간을 들여 공부하
고 노력해야 겨우 따라갈 수 있었습니다.

미국 프로야구 경기인 메이저리그 베이스볼(MLB) 중계를
할 때였습니다. 캐스터 선배와 위원님들 사이에 앉아서 그날
진행되는 메이저리그 경기들을 동시에 중계하는 프로그램이
었어요. 많은 스포츠 프로그램을 진행해왔지만 야구 중계는
처음이었습니다. 더구나 여러 경기를 동시에 전하는 형식의
방송은 당시 저뿐만 아니라 PD, 캐스터, 해설위원, 심지어 야
구팬들까지 모두에게 처음이었죠.

결론부터 이야기하면 안타깝게도 그 프로그램은 제 인생

의 흑역사로 남았습니다. 너무나 좋은 기회였지만 제가 제대로 해내지 못했거든요. 심지어 긴 중계방송이 끝날 때까지 열 마디를 못 했던 날도 있었습니다. 한마디 한마디를 뱉는 것이 너무 어렵고 두려웠거든요.

'혹시 내가 이 말을 했다가 틀리면 어떡하지?', '혹시 이 질문을 했다가 창피해지면 어떡하지?', '내 말이 경기의 흐름을 끊는 건 아닐까?', '야구팬들은 다 아는데 나만 모르는 거면 어떡하지?' 이런저런 복잡한 생각들이 머릿속에 가득했어요. 일단 아는 게 부족하다 보니 스스로 하는 말에 대한 확신과 자신감이 없었습니다. 막판에는 조바심이 나면서 더더욱 말문이 막혔죠.

그 후로 제 공부 인생이 시작되었습니다. 흑역사를 더 이상 만들지 않기 위해, 빈칸을 채우기 위해 무작정 공부를 했습니다. 일단 메이저리그 선수들의 이력을 적어놓은 책을 가져다 놓고 달달 외우는 것부터 시작했죠. 선거 방송 역시 마찬가지였습니다. 마치 후보들이 선거운동을 하듯이 몇 달 전부터 꼼꼼하고 철저하게 준비해야 그 긴 방송 시간을 채울 수 있었습니다.

부족함을 채우는 가장 빠르고 정직한 방법은 공부밖에 없습니다. 꾸준한 노력도 재능입니다. 저도 '엉덩이 무겁다는 자부심'으로 일단 몇 시간이고 앉아서 공부했습니다. 지금도 신문 스크랩, 타방송 모니터링, 과거 영상 시청 등 다양한 자료를 인풋(In-put)하고 있어요. 독일의 작가이자 철학자인 괴테(Goethe)도 "가장 유능한 사람은 배움에 힘쓰는 사람이다."라고 했는데요. 정말 그렇습니다. 배움이란 사람에게 최고의 영양제입니다.

그렇게 차근차근 꾸준히 나아가다 보니 자신감이 보너스처럼 생겨났습니다. 그리고 잘해야 한다는 압박감도 어느 순간 사라지고 없었어요. 결과의 압박에서 벗어나 그 과정을 즐길 수 있게 되었기 때문입니다.

열심히 공부하다 보니 어느 순간 이런 말을 해야지, 저런 말을 해야지 하는 강박에서 벗어나 그 경기를 즐기고 있는 제 모습을 발견할 수 있었습니다. 넓고 거대한 무대가 마치 나를 위한 것처럼 느껴져 신나게 방송을 할 수 있었습니다. 이미 기록된 과거를 지울 순 없지만, 꾸준히 공부를 하면서부터는 더 이상 그런 일을 반복하지 않게 되었습니다.

◉ 안전지대를 벗어나 도전하라 ◉

자신의 한계를 뛰어넘어 안전지대를 벗어나 과감하게 도전하고자 하는 사람들은 끊임없이 공부합니다. 요즘 주변에 공부하는 어른들이 많아졌죠? 어릴 때는 부모님이 시켜서 어쩔 수 없이 풀던 학습지를 최근에는 직접 찾아서 하는 사람들이 늘고 있다고 합니다. 어른들을 위한 학습지뿐 아니라 다양한 강의 플랫폼과 공부 애플리케이션도 정말 많더라고요.

어른들이 왜 공부를 하기 시작한 걸까요? 어렸을 때는 좋은 학교에 가기 위해, 취업을 위해 했다면 어른이 되어서 하는 공부는 다릅니다. 사회생활과 현장 경험을 통해 시야가 넓어졌고, 성취의 기준도 그만큼 높아졌기 때문입니다. 그래서 더 공부에 대해 간절해지는 것 같아요.

지금 자신의 부족함을 채우고 싶다는 갈망은 공부에 대한 의욕을 깨워줍니다. 제가 그랬던 것처럼요. 학교 다닐 때처럼 시험 범위가 있는 것도 아니고, 잘하고 있는지 확인하는 선생님이 있는 것도 아니지만 스스로 부족함을 채우면서 행복을 느낄 수 있습니다.

저는 지금도 자존감이 떨어질 때마다 책상 앞에 앉습니다. 저의 부족함을 하나하나 채워나갈 때마다 이전엔 몰랐던 성취감을 누릴 수 있거든요. 배우고 성장하는 사람은 마음도, 실력도 단단해진다는 것을 기억하세요. 그리고 지금의 자리, 안전한 곳에서 벗어나 도전할 때 삶은 더 큰 선물을 준비하고 있다는 사실도 잊지 않기를 바랍니다.

66

독일의 작가이자 철학자인 괴테도 "가장
유능한 사람은 배움에 힘쓰는 사람이다."
라고 했는데요. 정말 그렇습니다. 배움이란
사람에게 최고의 영양제입니다.

99

07

조용히 마음을
비워내는 시간

너 자신이 되어라.
다른 사람은 이미 있으니까.

-오스카 와일드(Oscar Wilde)

◉ 꼭 함께이지 않아도 괜찮아 ◉

종종 우리는 우리를 둘러싼 사람들 속에서 함께 흘러가야한다는 강박을 느낄 때가 있습니다. 나만 모를까 봐, 나만 중요한 것을 놓칠까 봐, 나만 뒤처질까 봐 불안하기 때문이죠.어떻게든 타인이라는 끈을 붙들고 있어야 안심이 됩니다.

저도 그런 시절이 있었습니다. 평소 술을 마시지 않는 저는동료들 사이에서 술을 마시지 않는 것 때문에 소외당하지 않을까 늘 불안했습니다.

'혹시 회식에 참여하지 않아서 중요한 대화를 놓치는 건 아닐까?'

'나만 뒤처지는 건 아닐까?'

'이러다 나 혼자 남으면 어떡하지?'

혹시라도 제가 없는 사이에 중요한 이야기가 오가진 않을까, 무언가 놓치는 건 아닐까 걱정하면서 열심히 모임에 참석했습니다. 술도 안 마시면서 회식 자리에서 맨정신으로 끝까지 남아 있고, 소극적으로 보이지 않으려고 장단을 맞추며 분위기를 타려고 노력했어요.

물론 좋은 사람들과 함께하는 시간은 언제나 즐겁습니다. 하지만 집에 돌아갈 때면 늘 마음 한구석에 공허함이 느껴졌습니다. 맞지 않는 옷을 억지로 입고 있는 듯한 기분이 들었지요. 사람들과 함께 있는 제 모습이 왠지 즐거워 보이지 않고 지쳐 보였습니다.

'사람들 사이에 있는 게 왜 이렇게 피곤할까?'

'이건 진짜 내 모습이 아닌데….'

'나는 여기 왜 있는 걸까?'

'혼자 있고 싶다.'

나 자신이 아닌 것 같은 생각이 들고 나 자신으로 있을 수 없는 곳에 오래 머물기가 힘들어졌습니다. 그때부터 사람들과 시간을 보내는 만큼 혼자만의 시간을 보내려고 노력했어요. 혼자 밥을 먹고 혼자 공부를 하고 혼자 걷고 혼자 영화도 보면서 힘을 빼는 시간을 가졌습니다. 혼자 보내는 시간이라고 하지만 달리 말하면 저 자신과 함께 보내는 시간이었습니다. 그런 시간을 통해 제 마음을 들여다보고 마음에 가득 담았던 잡념과 욕심, 건강하지 못한 생각들을 온전히 비워내려고 했죠.

그렇게 힘을 빼고 혼자서 비우는 시간을 가지고 나면 다시 새로운 것을 채울 수 있는 여유가 생겼습니다. 사람들과 함께 있는 시간도 훨씬 편해졌고요.

무조건 다른 사람들을 따라가고 분위기에 맞추려고 너무 애쓰기보다는 나 자신에게 집중했고, 그렇게 하다 보니 오히려 더욱 자연스럽고 건강한 관계를 맺을 수 있었습니다.

● 혼자 잘 지내는 사람이 남과도 잘 지낸다 ●

우리는 다양한 관계를 맺으며 살아갑니다. 친구, 동료, 가족들에게 둘러싸여 정신없이 지내다 보면 문득 공허한 마음이 찾아올 때가 있습니다. 그 누구로도 채워지지 않는 마음이 있죠. '사람'으로는 절대 채워지지 않는 마음입니다. 그 빈 공간을 무엇으로 채워야 할까요? 바로 나 자신입니다. 내가 나로 오롯이 있을 수 있는 곳에서 나를 위한 것들로 마음을 채우는 시간이 필요합니다.

혼자 보내는 시간이 겉으로 보기에는 외로워 보일 수도 있습니다. 하지만 자세히 들여다보면 '나와 대화하는 시간'이에요. 밥을 먹으면서 상대방에게 집중하는 게 아니라 '이 음식 맛있다. 역시 나는 심심한 맛이 좋아', '다음에는 다른 메뉴 먹어봐야지'라고 하면서 나와 내 생각에 집중하는 거예요. 산책하면서도 함께 걷는 사람과 일이나 상사 이야기만 하는 게 아니라 가끔씩 '날씨가 너무 좋다', '혼자서만 갈 수 있는 길로 한번 가봐야지' 생각하며 길을 걷는 겁니다.

혼자서 시간을 잘 보내는 저의 두 가지 방법을 공개할게요. 먼저 저는 '하늘 보기'를 정말 좋아합니다. 업무하기, 공부하기, 집안일하기 등 우리는 똑같은 매일을 보내고 있다고 생각하지만, 고개를 조금만 들어 하늘을 본다면 그 생각이 달라질 수 있습니다. 사실 날씨와 하늘은 매번 다른 모습을 하고 있어요. 유난히 파란 날, 구름이 조금 드리운 날, 바람이 센 날…. 그날의 하늘을 보면 덩달아 내 마음의 온도도 변합니다. 더 이상 똑같은 하루가 아닌 것이죠. 기분을 전환할 수 있는 가장 쉬운 방법입니다.

다음으로는 '좋은 글귀'를 써보는 것입니다. 새벽에 읽었던 책에서 나온 글귀, 출근하다 본 광고판에 있던 재미있는 표현, TV에서 눈길을 끌었던 말 등을 직접 써보는 겁니다. 반드시 노트에 하지 않아도 됩니다. 익숙한 펜을 들고 근처에 있는 메모지에 써서 책상에 붙여보세요. 혹은 SNS에 업로드해도 좋습니다. 저 또한 인상 깊은 글귀를 종종 SNS에 올리곤 하는데요. 작지만 괜히 기분 좋아지는 일입니다.

혼자서도 시간을 잘 보내는 사람은 관계에 집착하지 않습니다. 자기 자신에게 만족하기 때문에 다른 사람에게 내 감정을 투사하지 않죠. 관계에 집착하는 마음을 버리니 언제 어디서든, 누구에게든 편안하게 잘 스며들 수 있는 것은 물론이고 작은 일에 짜증을 내거나 화내는 일도 줄어듭니다. 내 마음이 만족스럽고 편해지니 주변 사람들에게도 훨씬 부드러워지기 때문입니다.

그러니 좋은 소통을 위해서도 혼자만의 시간은 꼭 필요합니다. 나를 위한 시간은 결과적으로 나와 함께하는 주변 사람들에게 긍정적인 영향을 끼칩니다. 오늘도 긴장과 스트레스 속에서 하루를 보냈다면 혼자 있을 수 있는 시간을 내서 힘을 빼는 연습을 해보세요. 역설적이지만 나와의 시간을 잘 보낼수록 타인과의 소통도 원활해지는 걸 깨달을 겁니다.

"

좋은 소통을 위해서도 혼자만의 시간은 꼭
필요합니다. 나를 위한 시간은 결과적으로
나와 함께하는 주변 사람들에게 긍정적인
영향을 끼칩니다. 오늘도 긴장과 스트레스
속에서 하루를 보냈다면 혼자 있을 수 있는
시간을 내서 힘을 빼는 연습을 해보세요.

"

잠시 생각해보기

+ 자신감, 자존감이 부족해서 부정적인 마음을 갖고 부정적인 언어를 쓴 일이 있나요?

_____

_____

_____

+ 자존감을 채워주는 나만의 하루 루틴이 있나요? 루틴이 있다면 잘 실천하고 있나요?

_____

_____

_____

+ '혼자만의 시간'을 갖고 나에게 말을 걸어보세요. 나와 어디를 걷고, 무엇을 먹었으며, 어떤 대화를 했나요?

_____

_____

_____

관계에 꽃을 피우는 다정한 말투

-사람을 얻고 인생을 바꾸는 언어 수업-

밭에 씨앗을 뿌렸다면 풍성한 나무로 만들기 위해 비료도 주고 잡초도 뽑고 물도 주어야 하죠. 말도 마찬가지입니다. 다정한 언어를 위해서는 내 날것의 말과 마음밭을 잘 가꿔야 합니다.

3장에서는 일상에서 쉽게 할 수 있는 '다정한 말하기 방법'을 알아봅니다. 하나하나 천천히, 손수 땀 흘리며 밭과 씨앗을 보살피는 농부의 마음으로 따라 해보세요. 어느새 다정한 언어를 쓰는 사람이 되어 있을 거예요. 그렇게 잘 자란 나무에는 '좋은 관계, 좋은 삶'이라는 예쁜 꽃이 활짝 필 것입니다.

내가 틀릴 수도
있습니다

이 세상에 마법이라는 게 있다면,
서로를 이해하려는 노력에 있을 거야.

-영화 <비포 선라이즈(Before Sunrise)> 중에서

◗ 갈등 해결의 열쇠, 공감 ◖

요즘 신조어 중에 '공능제'라는 말이 있습니다. '공감 능력 제로'를 줄여서 부르는 말인데요. 어떤 말을 듣거나 어떤 상황을 겪을 때 공감을 잘 못하고 건조한 말만 건네는 사람에게 "너, 정말 공능제구나."라고 한대요. 요즘 공감능력이 부족한 사람들이 많아지면서 생겨난 말이라고 합니다.

모두가 바쁜 일상에 치여 사느라 타인의 마음을 헤아리려는 여유가 많이 사라진 것 같아요. 그러다 보니 나도 모르게 자기중심적으로 생각하고 대응할 때가 있습니다. 말과 행동으로 쉽게 상처를 주거나 받기도 하고, 그냥 지나칠 수 있는 작은 갈등이 주체할 수 없이 커지는 상황에 이르기도 합니다.

이제 '공능제'는 개인의 문제를 넘어 사회적인 문제가 되어 버렸습니다. 공감 능력이 부족한 유명 인사들의 실언은 말할 것도 없고, 나쁜 짓을 저지르고도 양심의 가책을 느끼지 못하는 사이코패스들의 범죄도 잦아졌어요. 평소 우리가 겪는 갈등을 살펴봐도 대부분이 '공감 부족'으로 생겨나는 걸 알 수 있습니다.

상대가 겪고 있는 상황과 감정을 조금만 헤아리고 공감한다면 오해와 갈등, 분열은 눈에 띄게 줄어들 텐데요. 진정한 공감은 어떤 말과 행동보다 더 크고 강한 힘이 있거든요. 그렇다면 어떻게 해야 진심으로 상대의 상황과 감정에 공감할 수 있을까요?

◉ 공감의 시작은 '경청' ◉

"내일 10시에 학교 앞에서 만나."라는 친구의 말에 "뭐라고? 내일 몇 시에 어디서 보자고?"라고 다시 물었던 적, 다들 한 번쯤 있지 않은가요? 혹시 대화 중에 "아, 미안해. 방금 뭐

라고 했지?", "죄송해요. 잘 못 들었어요.", "한 번만 다시 말씀
해주시겠어요?"라는 말을 자주 하진 않나요?

반대로 상대가 내 말을 잘 듣고 있지 않다는 느낌을 받을
때도 있습니다. 나는 한참 열심히 이야기하고 있는데, 상대가
내 말에 집중하지 않고 다른 생각을 하는 것 같은 느낌이 들
때 있잖아요. 그때 잠시 이야기를 끊고 내가 무슨 말을 하고
있었는지 물어보면 상대방이 당황하면서 제대로 답하지 못
하는 경우가 많습니다.

왜 그럴까요? 사람은 생각보다 타인의 말을 귀담아듣지 않
기 때문입니다. 귀로는 듣고 있어도 머릿속으로는 다른 생각
을 하기 일쑤죠. 상대가 하는 말을 듣고 어떤 말로 답해야 수
려해 보일지 생각하느라 분주합니다. 때로는 미처 다 처리하
지 못한 업무 생각, 주말에 해야 할 일들을 떠올리느라 상대
의 말에 온전히 집중하지 못하기도 하고요.

상대의 말을 귀담아듣는 것은 쉬운 일이 아닙니다. 그렇기
에 점점 자기중심적으로 변해가는 요즘 사회에서 이 경청의
가치가 더욱 빛을 발한다고 생각해요. 얼마 전 저도 잘 듣는 일
의 중요성을 새삼 실감한 적이 있었습니다. 일하면서 다른 부

서와 협업을 위한 새로운 문서 양식이 하나 있었으면 좋겠다고 생각하고, 여럿이 모인 회의에서 지나가듯 말했어요. 하지만 이내 다른 업무를 하느라 깜빡 잊어버렸죠. 그런데 몇 주 뒤에 동료 한 사람이 제가 말한 공유 문서 형식을 정리해서 메일로 보내주었더라고요.

"지난 회의 때 재은 씨가 한 말을 듣고 정리해봤어요. 제가 듣고 생각해보니 꼭 필요한 문서라고 여겨졌어요. 좋은 의견 내주어서 고맙습니다."

동료가 문서 형식을 어떻게 정리했는지는 중요치 않았어요. 얼마나 뛰어나게 만들었는지도 중요하지 않았습니다. 그 동료는 직접 본인의 시간을 들여서 제작했을 겁니다. 기꺼이 시간을 내준 것뿐만 아니라 제가 했던 말 한마디를 듣고 신중하게 고민했다는 것이 그저 감사했습니다.

네이버 지식백과의 정의에 따르면 '경청'이란 상대의 말을 그저 듣기만 하는 것이 아니라 상대방이 전달하고자 하는 말의 내용은 물론, 그 내면에 깔린 동기나 정서에 귀를 기울여 듣는 것을 말합니다. 온 마음과 노력을 다해 듣지 않으면 그 말 속에 있는 동기나 정서를 알아차릴 수 없습니다. 그래서 상대가 하는 말의 맥락과 의도를 놓치는 거죠. 그러다 보면 당연히 오해가 생길 수밖에 없겠죠? 주의 깊게 경청하면 이런 불필요한 실수를 피할 수 있습니다. 또한 다른 사람의 감정과 생각을 면밀히 읽을 수 있어 타인을 설득할 수 있는 확률이 높아집니다.

그러니 단순히 귀로 듣는 수준을 넘어 마음으로 들으려는 노력이 필요합니다. 내가 듣고 싶은 말이 아니라 상대가 하고자 하는 말이 무엇인지 파악하며 능동적으로 들어야 합니다. 1936년에 출판된 데일 카네기(Dale Carnegie)의 《인간관계론》을 보면 경청과 관심, 배려와 사랑으로 이어지는 관계 형성을 강조하는 내용이 나오는데요. 그중 한 문장을 인용하면 이렇습니다.

"다른 사람의 이야기를 진지하게 들어주는 경청의 태도는 우리가 다른 사람에게 보일 수 있는 최고의 찬사다."

경청이 다른 사람에게 줄 수 있는 '최고의 찬사'라니! 그저 잘 듣기만 했는데 상대에게 최고의 찬사를 전할 수 있다는 게 너무 멋지지 않나요? 그만큼 잘 듣는 것이 매우 중요하다는 말입니다.

'이 사람이 정말 내게 관심이 있구나.'
'내 상황을 진심으로 이해하고 공감해주는구나!'

그 어떤 화려하고 아름다운 말을 하기보다 진심으로 상대의 말을 경청할 때 나의 관심과 사랑이 상대에게 가닿을 수 있습니다. 이렇듯 공감은 '잘 듣는 것'에서부터 시작합니다.

◉ '나는 옳고 너는 틀리다'라는 병 ◉

"아니, 그게 아니라니까!"
"내가 뭐랬어! 그것 봐, 내 말이 맞지?"
"너는 잘 모르겠지만….”

사무실에서 종종 말다툼이 벌어지는 경우가 있습니다. 모든 일이 그렇듯 방송 역시 여러 부서, 수많은 사람의 협업으로 이루어지는데요. 그런 만큼 서로의 의견을 잘 조율하는 것이 중요합니다. 그런데 꼭 자기주장을 고집하는 사람들이 있습니다. 그런 사람들을 둘러싸고 갈등이 시작되죠. 마치 곧 터질 폭탄을 이리저리 돌리는 게임처럼, 지켜보는 사람은 아슬아슬할 뿐입니다.

내가 생각했던 방향이 아니라 해도 때론 생각을 굽힐 줄도 알아야 합니다. 무조건 끝까지 자신이 논리적이라고, 자신의 결정이 정답이라고, 나머지는 다 틀렸다고 주장하는 사람들 주변에서 꼭 큰소리가 납니다. 왜 그런 걸까요? 이 또한 공감 능력의 문제입니다.

'나는 옳고 너는 틀리다'라는 늪에 빠진 사람들은 다른 사람의 생각과 의견이 늘 무언가 부족하다고 느낍니다. 지나치게 자기주장만을 고집하고 융통성도 없습니다. 여간해서는 다른 사람의 이야기를 들으려고 하지 않죠. 나아가 자기가 정해놓은 틀 안에서 조금이라도 벗어나는 사람들을 보면 함부로 판단하고 비난하고 상처를 줍니다. 간혹 저도 그런 사람과 함께 일할 때면 혹시 저도 이런 태도로 누군가를 대하지는 않았는지 반성하게 됩니다. 제가 쌓은 생각의 틀 속에 갇혀서 '이건 이래야 하고, 저건 저래야 해'라고 함부로 단정 짓지는 않았는지 돌아봅니다.

만약 나의 주장과 생각이 전혀 굽혀지지 않을 때, 이를 해결할 수 있는 좋은 방법을 소개한 책이 있습니다. 비욘 나티코 린데블라드(Bjorn Natthiko Lindeblad)의 책《내가 틀릴 수도 있습니다》중 한 부분인데요.

"갈등의 싹이 트려고 할 때, 누군가와 맞서게 될 때 이 주문을 마음속으로 세 번만 반복하세요. 어떤 언어로든 진심으로 세 번만 되뇐다면, 여러분의 근심은 여름날 아침 풀밭에 맺힌 이슬처럼 사라질 것입니다."

'이 주문'이 어떤 주문인지 궁금한가요? 바로 이 책의 제목에 답이 있습니다.

'내가 틀릴 수도 있습니다.'

'내가 틀릴 수도 있습니다.'

'내가 틀릴 수도 있습니다.'

내가 틀릴 수도 있다는 사실. 너무나 당연한 진실이지만 우리는 쉽게 잊곤 합니다. 내 생각이 언제나 무조건 옳은 것은 아니라는 사실을, 그러니 함부로 판단하고 단정 지으면 안 된다는 사실을 항상 기억해야 합니다. 무조건 '내가 옳다'라는 생각에서 반드시 벗어나야 합니다.

내가 틀릴 수도 있다고 인정하는 게 두려우세요? 누구나 다 그럴 거예요. 하지만 그런 마음을 내려놓고 나면 오히려 복잡했던 것들이 단순하고 편안해집니다. 왜 진작 이렇게 하지 못했을까 싶을 정도로 자유를 경험하게 되지요. 사람들은 생각도 다르고 가치관도 다르며 지나온 환경도 경험도 다릅니다. 그 다름을 인정할 때 소통은 쉬워지고 공감은 자연스럽게 일어납니다.

'아, 그럴 수도 있겠다.'

'그 사람은 그렇게 생각할 수도 있겠구나.'

'그 사람 입장에서 생각해보니 그럴 수 있겠다.'

상대의 입장이 되어 한 번만 생각해보면 금방 이해되는 일들이 정말 많습니다. 내가 절대적으로 옳다는 생각을 내려놓을 때 상처를 주거나 받는 일도 훨씬 줄어듭니다. 자기중심적인 사고에서 벗어나 '다름'을 인정할 때 우리의 관계는 훨씬 아름다워질 수 있습니다.

◖ 선생님이 되려고 하지 마라 ◗

"언니, 나 그 친구랑 싸웠어."

친구랑 싸웠다며 동생이 하소연합니다. 그러면 저는 속상한 마음에 목소리부터 높아집니다.

"내가 뭐랬어? 내가 너, 그럴 줄 알았다."

"그러니까 내가 그 친구 너무 믿지 말라고 한 거야."

"결국엔 네가 그러니까 문제가 벌어지는 거야."

어릴 적 동생은 언니인 제게 인간관계의 어려움에 대한 고민을 털어놓곤 했습니다. 사람을 쉽게 믿지 않는 성격이었던 저와 달리 정 많고 사람을 좋아하는 동생이 관계에서 상처를 받을까 걱정됐어요. 그래서 어렵게 속마음을 털어놓는 동생에게 공감보다는 섣부른 충고와 조언으로 가르치려고 했죠.

속상한 마음을 위로받고자 이야기를 꺼낸 동생은 제 말에 오히려 더 큰 상처를 받았습니다. 자신의 어려움과 고민에 공감해주는 게 아니라 태도와 행동을 비난하는 말을 들었으니까요.

저는 동생 말고도 가족이나 가까운 친구에게도 종종 이런 실수를 했어요. 공감보다는 정답을 강요하고 해결책을 제시하려다 벌어진 참사죠. 상대는 그저 이해와 위로를 받고 싶은 심정으로 용기 내 털어놓았는데, 그 마음도 모르고 어설프게 훈계를 늘어놓다 보니 관계를 망치고 맙니다.

그렇다고 해서 "넌 아무 잘못 없어.", "그 사람이 무조건 잘

못했네!"라며 무턱대고 편을 들어주라는 건 아니에요. 당장 들을 때는 기분이 좋을지 몰라도 그 사람이 자신의 문제를 정확히 이해하지 못할 수도 있으니까요.

하지만 아무리 적절한 충고와 조언이라고 해도 공감이 없다면 절대로 상대에게 위로를 줄 수 없습니다. 무엇이 고민인지, 왜 어려워하는지 주의 깊게 들으면서 상황을 이해하고 감정을 이해하려는 노력이 필요해요. 내 생각과 감정은 접어두고 상대가 지금 어떤 상황에 처했는지, 그래서 어떤 기분일지 좀 더 깊이 생각하고 반응합니다.

"그래? 무슨 일인데? 한번 자세히 얘기해봐."
"그래, 그랬구나."
"그 상황에서 너는 어떻게 했어?"
"그런 일을 겪었다니 정말 속상했겠다."

상대의 눈높이에서 생각하려는 마음, 그 사람이 되어서 그 사람 앞에 놓인 상황과 환경, 세상을 바라보려는 자세가 필요합니다. 선생님이 되려는 욕심을 버리고 그저 고개를 끄덕이는 것만으로도 충분합니다. 정답이나 해결책을 먼저 제시하려고 하지 마세요. 어렵게 고민을 털어놓는 상대에게 해줄 수 있는 최고의 행동은 '경청' 그리고 '공감'입니다.

◉ 상대를 내 편으로 만드는 소통의 기술 ◉

타인의 말에 공감하고 경청하기 위해서는 몇 가지 기술이 필요합니다. 바로 표정, 몸짓, 리액션 등 세 가지인데요. 언뜻 사소하고 평범해 보이지만 매우 강력한 기술입니다.

상대의 말을 잘 듣고 있음을 표현하는 것은 대화에서 정말 중요합니다. 내가 진심으로 귀를 기울이고 있다는 느낌을 받을 때 상대의 마음이 열리고 비로소 진정한 소통이 가능해지거든요. 자주 눈을 맞추고 고개를 끄덕이고 맞장구를 치면서 뜨겁게 반응할수록 더 깊은 대화가 가능해집니다. 사실은 대화 중에 맞장구만 잘 쳐도 상대에 대한 호감도가 상승한다고 합니다.

"오, 정말?"

"와, 대단하다!"

"역시!"

"그랬구나."

"어머, 웬일이니."

짧은 말 한마디로도 상대에게 공감의 마음을 전할 수 있습니다. 혹시 '123 대화법'이라고 들어본 적 있나요? '1번 말하고, 2번 듣고, 3번 맞장구를 치는 대화법'인데요. '3번'이라는 횟수만큼 맞장구가 중요하다는 걸 알려주는 방법입니다. 맞장구는 닫힌 상대의 마음을 여는 중요한 열쇠이기 때문입니다.

'내가 당신의 말을 귀 기울여 듣고 있어요', '당신의 감정을 느끼고 있어요'와 같은 메시지를, 맞장구는 그 어떤 말보다 강력하게 전할 수 있습니다. 꼭 말이 아니어도 괜찮습니다. 그저 고개를 끄덕이거나, 따뜻한 미소를 지어주거나, 눈을 바라보는 것만으로도 똑같은 효과를 낼 수 있어요. 누군가 나의 말을 들으며 고개를 자주 끄덕여주면 나도 모르게 마음이 놓이고 편안해지는 기분이 들잖아요.

'아, 이 사람이 내 이야기에 집중하고 있구나', '나랑 같은 생각이구나', '우린 같은 편이구나'라는 생각까지 듭니다. 일상적인 대화가 아닌 인터뷰를 할 때도 마찬가지입니다. 좋은 질문을 던지는 것만큼이나 좋은 리액션이 중요하죠. 많은 말을 하지 않아도 상대를 편하게 만들어주고 자연스레 대화를 이끌어갈 수 있어요.

예전에 인터뷰했던 배우들에게 들은 이야기인데, 연기를 할 때도 리액션을 잘하는 배우가 진짜 좋은 배우라고 합니다. 진심을 담은 리액션이 상대 배우의 마음을 열어 더 좋은 연기, 더 많은 가능성을 끄집어내기 때문입니다. 공감과 경청이 바탕이 된 좋은 리액션은 정말 중요한 소통의 기술입니다. 상대방을 내 편으로 만드는 최고의 방법입니다.

66 ═══════════════════════════

사람들은 생각도 다르고 가치관도 다르며
지나온 환경도 경험도 다릅니다. 그 다름을
인정할 때 소통은 쉬워지고 공감은 자연스
럽게 일어납니다.

═══════════════════════════ 99

주위에 사람이 몰리는
긍정의 언어

근심이 사람의 마음에 있으면 그것으로 번뇌하게 되나
선한 말은 그것을 즐겁게 하느니라.

-잠언 12:25

● 긍정의 말이 이끄는 삶 ●

내가 하는 말이 나의 운명을 결정한다는 생각, 해본 적 있나요? 저는 종종 생각합니다. '아, 그때 내가 했던 그 말 한마디가 지금 나를 여기로 이끌었구나' 하고 깨달을 때가 자주 있거든요. 어릴 적부터 저는 이루고 싶은 목표가 생기면 꼭 말로 그 목표를 '선언'하는 습관이 있었습니다.

"나는 신문방송학과에 갈 거야."

"나는 꼭 오프라 윈프리처럼 선한 영향력을 펼치는 사람이 될 거야."

"세상에 빛과 소금 같은 사람이 되고 싶어!"

"사람들과 이야기할 때 늘 긍정적이고 따뜻한 언어를 쓸 거야."

"내 인생에 대충하는 일은 없어. 항상 최선을 다할 거야."

"매일 이른 아침에 일어나서 공부할 거야."

조금은 터무니없어 보이고, 진짜 할 수 있을까 의문이 드는 일이어도 자신 있게 외치고 나면 '정말 언젠가 할 수 있을 것 같아' 하며 자신감이 생깁니다. 더불어 부정적이고 불안했던 마음이 사라지고 그 자리에 긍정적이고 희망적인 생각이 채워지죠. 무엇보다 그 말대로 살기 위해 스스로 노력하게 되고, 그러다 보면 자연스레 좋은 기운을 뿜어내니 저절로 주위에 사람이 모이게 됩니다. 결국 긍정의 말이 나의 목표를 이룰 수 있게 도와주는 하나의 자양분이 됩니다.

◗◗ 부정적인 감정을 풀어내는 다섯 가지 방법 ◖◖

오늘 내가 한 말이 하루의 기분을 좌우했던 경험, 다들 있으시죠? 그런데 아침에 일어나자마자 "아, 짜증 나!", "또 지겨운 하루가 시작됐네." 하며 부정적인 말로 하루를 시작한다고 생각해보세요. 생각만 해도 우울하고 기운이 쭉쭉 빠질 뿐아니라 있던 의욕마저 사라질 겁니다. 아직 하루를 살아보지도 않았는데 입으로 말하는 순간, 정말 그런 시간이 찾아오게 됩니다.

"짜증 나. 피곤해. 귀찮아."
"진짜 일하기 싫다."
"도저히 못 할 것 같아."
"정말 난 죽지 못해 산다."
"어차피 아무도 몰라. 그냥 대충 해."

부정적인 사람들이 자주 하는 말들이죠? 매사에 불평불만이 가득한 사람과의 만남은 언제나 고통입니다. 같이 있으면 불편하고 금세 피곤해집니다. 똑같이 부정적인 기분에 빠지기도 하죠. 대화하다 보면 괜히 공격을 받는 듯한 기분이 들기까지 합니다. 말 한마디로 내 에너지를 고갈시키고 의욕을 꺾어버리기 때문이죠. 혹시 내게 말이라도 걸면 어쩌나 하고 피하게 됩니다.

부정적인 에너지는 전염성이 매우 높습니다. 부정적인 말은 말할 것도 없죠. 불쾌하고 찜찜한 기분이 그대로 전염됩니다. 이 부정적인 말은 처음엔 작은 씨앗에 불과했지만 자신도 모르는 사이에 쑥쑥 자라서 어느새 나의 말과 행동과 삶을 지배하게 됩니다. 당연히 부정적인 감정이 생길 수 있고 불평불만도 있을 수 있습니다. 그런 감정을 무조건 억누르거나 피하라는 것이 아닙니다. 부정적인 감정을 그대로 인정하고 받아들이되, 더 나쁜 방향으로 생각이 확장되지 않도록 나의 마음을 건강하게 표출할 수 있는 방법을 찾아야 합니다.

불편한 것을 불편하다고 말하는 것은 당연합니다. 하지만 불평·불만을 계속 말한다고 해서 상황이 달라지지는 않습니다. '그래, 내가 이래서 화가 났구나. 그랬구나. 그럴 수 있지' 하고 나의 감정을 인정하고 토닥이며 마음의 응어리를 풀어내는 과정이 필요합니다. 내 생각과 말이 부정적인 상황과 감정에 휩쓸려 지배당하지 않도록 나의 마음을 스스로 돌보는 것이죠.

다음은 부정적인 감정을 해소할 수 있는 다섯 가지 방법입니다. 이 방법들을 하나씩 실천하면서 나의 말과 행동과 삶을 조금씩 긍정적인 방향으로 돌려놓아 봅시다.

부정적인 감정을 해소하는 방법

1. 작은 일에 집착하지 않기: 사소한 일은 가볍게 넘겨도 괜찮아요.
2. 나 자신을 아끼고 사랑하기: 나를 가장 잘 이해하는 건 바로 나 자신입니다.
3. 나를 사랑하는 만큼 다른 사람을 이해하고 배려하기: 나를 알고 사랑할수록 다른 사람에 대한 마음도 열립니다.
4. 부정적인 말을 긍정적인 말로 바꿔 말하는 습관 들이기: 말을 시작할 때 일단 긍정의 언어를 써보세요.
5. 목표와 계획을 세우고 날마다 실천하기

앞에서 부정적인 에너지는 전염성이 강하다고 했는데요. 그런데 그거 아세요? 긍정적인 에너지의 전염성은 그보다 몇

배는 더 강하다는 사실요. 이 긍정의 에너지로 부정의 그림자들을 얼마든지 덮어버릴 수 있습니다.

◑ 하루를 여는 '긍정의 말' 하기 ◑

긍정의 에너지가 어떻게 부정의 에너지를 덮을 수 있는지, 간단하게 실험해볼까요? 하루 동안 혹은 한 주 동안 누군가에게 했던 말을 한번 기록해보세요. 나의 말에 무엇이 담겨 있는지 살펴보는 거죠. 불평과 불만의 말인지, 사랑의 말인지, 인정과 칭찬의 말인지 한눈에 알 수 있을 거예요.

어떤 사람은 책이나 영화, 누군가와의 대화 속에서 마음에 와닿았던 말, 감동했던 말을 노트에 적어놓는다고 합니다. 그리고 부정적인 감정을 마주할 때마다 그 노트를 수시로 들여다본다고 해요.

저희 집 식탁 위에도 종이 한 장이 붙어 있습니다. 몇 년 전 어머니가 매일 아침 출근 전에 읽고 나가라면서 주신 건데, 거기에는 이런 말들이 빼곡하게 적혀 있습니다.

'기쁜 하루 보내세요.' '벅찬 하루 보내세요.'

'포근한 하루 보내세요.' '흐뭇한 하루 보내세요.'

'상쾌한 하루 보내세요.' '시원한 하루 보내세요.'

'반가운 하루 보내세요.' '후련한 하루 보내세요.'

'살맛 나는 하루 보내세요.' '신바람 나는 하루 보내세요.'

'평화로운 하루 보내세요.' '정다운 하루 보내세요.'

'끝내주는 하루 보내세요.' '날아갈 듯한 하루 보내세요.'

'화사한 하루 보내세요.' '따사로운 하루 보내세요.'

'감미로운 하루 보내세요.' '상큼한 하루 보내세요.'

'충만한 하루 보내세요.' '열정적인 하루 보내세요.'

'산뜻한 하루 보내세요.' '당당한 하루 보내세요.'

하루의 시작을 열어주는 긍정의 인사말들입니다. 저도 처음엔 유치하고 낯간지럽다고 생각했어요. '그저 종이에 적혀 있는 인사말일 뿐이잖아' 하며 넘겼습니다. 그런데 어느 날 동생이 종이를 한참 보다가 "상쾌한 하루 보내세요!"라고 말하고 집을 나서는데, 그 말을 들은 제 기분이 정말 상쾌하고 시원해지는 거 있죠? '에이, 말도 안 돼'라고 생각하셨나요?

저도 그랬습니다. 긍정적인 인사 한마디 한다고 뭐가 달라질까 싶었지만 확실히 달라졌죠.

여러분과 나누기 위해 이 글을 적고 있는 지금도 제 입가에 슬며시 미소가 지어지는 걸 보면 그저 종이에 적힌 유치하고 낯간지러운 말은 아닌 것 같아요. 오늘 아침 출근길에는 불평·불만 대신 긍정의 말로 하루를 시작해보세요.

'좋은 아침!'
'오늘 날씨 끝내준다!'
'일할 맛 난다.'
'조금만 더 힘내보자!'
'오늘도 일할 수 있어서 감사하다!'

내 안의 긍정 에너지가 자라고 자라, 담을 넘어 사람들에게 마구 전염되도록 긍정의 말을 하고 또 해보세요. 분명 그 말대로 이루어질 겁니다.

66 ━━━━━━━━━━━━━━━

긍정의 에너지로 부정의 그림자들을 얼마
든지 덮어버릴 수 있습니다.

━━━━━━━━━━━━━━━ 99

칭찬의 말은
확실하게 하라

무엇보다도 칭찬은
우리에게 가장 좋은 식사다.

-새뮤얼 스마일스(Samuel Smiles)

◐ 모호한 말은 칭찬이 아니다 ◐

2022년 12월, 대한민국 축구대표팀의 2022 카타르 월드컵 조별 리그 마지막 경기가 있던 날이었습니다. 16강 진출을 위해서는 승리가 꼭 필요한 경기였기에 온 국민이 떨리는 마음으로 기다렸죠. 그런 만큼 뉴스를 준비하는 제 마음도 그 어느 때보다 비장했습니다. 선수들을 응원하는 마음으로 의상도 특별히 대표팀 유니폼과 똑같은 빨간색 셔츠를 선택했습니다.

사실 뉴스를 할 때 빨간 옷은 잘 입지 않는 편입니다. 뉴스의 특성상 화재나 사건·사고 소식이 많아서 너무 화려해 보이는 빨간색 옷은 되도록 피하는 편이에요. 하지만 그날만큼은 모처럼 용기를 내어 빨간색 의상을 선택했습니다. 경기를 앞둔 태극전사의 마음으로 힘차게 스튜디오로 향하던 중이 었습니다. 우연히 마주친 한 선배가 저를 보며 말했습니다.

"재은 씨, 오늘 옷이…, 꼭 투우사 같네."
"네…? 투우사요? 감, 감사합니다."

저도 모르게 습관적으로 일단 감사하다고 말했지만 기분 이 찜찜했습니다. 의상이 좋다는 건지, 나쁘다는 건지 말의 의도를 이해하기 어려웠기 때문이죠.

'무슨 뜻일까? 옷이 너무 화려하니까 갈아입으라는 이야기 인가?'
'그래…, 아무리 월드컵이라고 해도 좀 과했나?'

이런저런 생각들로 머릿속이 복잡했습니다. 혹시 옷이 별 로라는 말을 돌려서 한 건 아닌지, 지금이라도 갈아입어야 하 는지 고민하던 그때, 제 앞을 지나던 다른 선배가 이렇게 말했습니다.

"재은 씨, 의상이 아주 멋진데? 대표팀 선수 같네! 오늘 뉴스 분위기랑 너무 잘 어울린다."

선배의 그 말 한마디에 걱정으로 가득했던 마음이 한결 편안해졌습니다. 덕분에 뉴스도 잘 마무리할 수 있었고요.

퇴근하고 집에 와서 다시 생각해보니 제 옷을 보고 투우사 같다고 말했던 선배도 나쁜 의미로 말한 건 아니었겠다는 생각이 들었습니다. 어쩌면 예쁘다고 말하고 싶었는데 막상 빨간 옷을 보니 갑자기 튀어나온 말이 '투우사 같다'였을지도 모릅니다. 하지만 그 순간 저로서는 그 말의 의도를 정확히 알 수 없었고, 결국 그 말은 칭찬이 아닌 근심을 안긴 말이 되어버린 겁니다.

말은 그 의도를 명확하게, 상대가 이해할 수 있도록 전해야 합니다. 상대가 들었을 때 칭찬인지 나쁜 말인지 구분되지 않는 모호한 말은 칭찬이 될 수 없습니다. 만일 칭찬을 할 거라면 확실하게, 진심을 담아 전해야 효과가 있습니다. 그렇다면 어떻게, 무엇을 칭찬해야 할까요?

●● 상대방을 춤추게 하는 칭찬의 기술 ●●

칭찬의 기술 첫 번째는 상대가 듣고 싶은 칭찬을 하는 겁니다. 칭찬의 말이라고 해서 모두를 춤추게 할 수는 없습니다. 상대가 듣고 싶어 하는 칭찬이 최고의 칭찬이라는 말이 있죠? 하는 사람이 아닌 듣는 사람에게 특별한 의미가 있어야 한다는 뜻입니다. 어떻게 보면 '답정녀('답은 정해져 있으니 너는 대답만 하라'는 의미의 신조어)'라고 보일 수도 있습니다만, 어쨌든 상대를 칭찬하기 위한 의도인데 듣고 싶은 말을 해주면 어떤가요.

누군가에게 더없이 기쁜 말이 다른 누군가에겐 상처가 되기도 하고, 흔하고 뻔한 칭찬이지만 어떤 사람에게는 영혼의 위로가 되어줄 만큼 강력한 힘을 갖기도 합니다. 그 사람이 처한 상황과 환경, 살아온 삶과 가치관에 따라 받아들이는 의미가 달라지기 때문이죠.

오래전 한 연예 프로그램에서 봤던 유명 아이돌 멤버의 인터뷰 장면이 떠오릅니다. 누가 봐도 정말 아름다운 외모를 지닌 친구였어요. 인터뷰 진행자가 "예쁘다는 말이 지겹지 않으세요?"라고 묻자 그는 "하하, 조금 식상하죠."라고 답했습니다. 그러자 진행자는 "그러면 듣고 싶은 다른 표현이 있나요?"라고 물었고 그는 "예쁘다는 말보다는 우리 팀이 실력 있고 잘한다는 이야기를 듣는 것을 더 좋아합니다."라고 말했습니다. 그 아이돌에게 '예쁘다'라는 말은 칭찬으로서 수명을 다한 겁니다. 너무 뻔하고 진부한 말이 되어 더 이상 칭찬으로 느껴지지 않는 거죠.

이렇듯 칭찬은 듣는 사람에게 의미가 있고 특별하게 느껴져야 효과를 발휘합니다. 아무리 좋은 의미로 하는 말이라도 온전히 받아들이고 말고는 상대방에게 달려 있습니다. 그러니 어떤 말을 들으면 기쁠지 상대방의 입장에서 생각해보는 것도 좋은 방법이 되겠죠?

칭찬의 기술 두 번째는 진심을 가득 담아 말하는 겁니다. 영혼 없는 칭찬은 힘이 없습니다. 진정성이 느껴지지 않는 칭찬은 듣는 사람에게 가식과 아부, 빈말로 들리기 쉽습니다.

버릇처럼 내뱉는 말은 공허하게 느껴질 수 있습니다. 누구에게나 할 수 있는 뻔한 칭찬이 아닌 그 사람만을 위한 칭찬을 하는 것이 좋습니다. 그러기 위해서는 상대에 대한 지속적인 관심과 이해가 먼저 필요합니다. 특별하면서도 부담스럽지 않게, 진심과 공감을 담아서 칭찬의 말을 전해보세요. 듣는 사람이 주인공이 되도록 말이에요.

그러면 어떻게 진정성을 담을 수 있는지가 세 번째 기술이 되겠죠. 칭찬의 기술 세 번째, 칭찬은 구체적으로 하는 것이 좋습니다. 그래야 진심이 충분히 느껴집니다. 두루뭉술한 칭찬은 그 의미와 의도를 파악하기가 어렵습니다.

"재은 씨, 오늘 뉴스 두 번째 기사, 앵커 멘트 마지막 문장이 좋더라!"

"A라는 기사는 핵심을 정확하게 잘 담았던데."

"오늘 인터뷰할 때 마무리 멘트 정말 좋았어."

"어제 특보 진행할 때 취재기자랑 질문과 답변을 주고받는

호흡이 좋더라."

이런 구체적인 칭찬은 진정성이 느껴집니다. 듣는 사람의
감동도 두 배가 되죠. 그뿐만 아니라 다음엔 더 잘하고 싶다
는 동기부여 효과도 있습니다.

다만 구체적으로 칭찬할 때도 조심해야 하는 부분이 있는
데요. 자, 칭찬의 기술 마지막입니다. TMI[너무 과한 정보(Too
Much Information)의 준말]를 조심하는 겁니다. 칭찬은 구체적
이되 '단순명료하게' 해야 합니다. 굳이 하지 않아도 될 말을
붙이는 경우를 경계해야 하지요. 예를 들어볼게요.

"재은 씨, 오늘 옷이 멋지네! 투우사 같아! 정말 빨갛다."
→ "재은 씨, 오늘 옷이 멋지네! 투우사 같아! 정말 빨갛다."

단순명료하게 "오늘 옷이 멋지네!"라고 하면 충분한데 안
해도 될 말을 붙이는 경우입니다. 상대가 고개를 갸우뚱할 이
야기나 괜한 사족은 덧붙이지 않는 게 좋습니다. 자칫 칭찬까

지 의미가 퇴색될 수 있어요.

"재은 씨는 역시 파란색 옷이 참 잘 어울려! 지난번에 빨간 색 옷은 좀 그렇더라."

→ "재은 씨는 역시 파란색 옷이 참 잘 어울려! ~~지난번에 빨 간색 옷은 좀 그렇더라.~~"

"머리 길이를 짧게 잘랐구나. 잘 어울린다! 그런데 나는 그 전이 좀 더 나은 것 같아."

→ "머리 길이를 짧게 잘랐구나. 잘 어울린다! ~~그런데 나는 그전이 좀 더 나은 것 같아.~~"

마찬가지로 괜히 예전 일을 끄집어내지 말고, 지금 입은 파 란색 옷이 잘 어울린다, 지금이 더 좋아 보인다고 이야기해도 충분합니다.

◉ 칭찬을 받아들이는 것도 능력이다 ◉

지금까지 어떻게 하면 칭찬을 '잘할 수 있는지' 살펴봤는데요. 하는 것만큼이나 칭찬을 '잘 받는 것'도 중요합니다. 이 또한 상대의 마음을 헤아리는 일이기 때문입니다.

혹시 누군가에게 칭찬을 들어본 게 언제인지 기억하세요? 직장 생활을 하다 보면 칭찬을 받을 일이 정말 손에 꼽을 정도입니다. 칭찬은커녕 욕이나 먹지 않으면 다행이죠. 내가 하는 일을 책임지고 감당하는 것이 당연한 일이 되어버렸기 때문입니다. 그러다 보니 어쩌다 한 번씩 가뭄에 콩 나듯 듣는 칭찬의 말에 어떻게 반응해야 할지 잊어버린 것 같아요. 저역시 그렇고요.

"재은 씨, 오늘 방송 좋더라. 역시, 잘해!"
"아이고, 아니에요!"

누군가 칭찬 한번 해주면 한사코 아니라고 합니다. 부끄럽고 민망한 마음에 칭찬을 '거부'하는 거죠. 칭찬을 듣는 경우가 별로 없다 보니 '갑자기 나한테 왜 이런 말을 하지?', '내가 뭔가 잘못했나?' 하면서 상대의 마음을 의심하는 지경에 이르기도 합니다.

이런 '과도한 거부'는 상대를 민망하게 만듭니다. 마음을 거부당했다는 생각에 더는 칭찬하고 싶은 마음이 들지 않을 수도 있어요. 그러면 어떻게 칭찬을 자연스럽고 여유 있게 받아들이면서도 겸손한 모습을 보일 수 있을까요? 누군가 칭찬했을 때 이렇게 답해보세요.

"그렇게 봐주시니 감사합니다."
"고맙습니다. 다음엔 더 잘해볼게요."
"그렇게 응원해주시니 힘이 납니다."

위와 같이 상대가 건넨 칭찬을 긍정적으로 받아들이고 자연스럽게 감사하는 마음을 전할 수 있습니다. 어색하게 거부하지 않아도 나의 진심이 상대에게 충분히 전해지지요. 칭찬을 건넨 사람이 기분 상하지 않도록 잘 받아들이는 것도 능력입니다.

어릴 때부터 칭찬을 많이 받고 자란 아이들은 자존감이 높다고 하죠? 칭찬을 많이 받으면 할 수 있다는 마음, 실패를 두려워하지 않고 적극적으로 도전하는 의지를 갖게 된다고 합니다. 이렇듯 칭찬은 세상을 살아갈 때 앞으로 나아갈 힘이 되어줍니다. 장애물을 뛰어넘을 수 있는 용기를 줍니다.

우리는 종종 칭찬의 힘을 간과하고 있는 것 같아요. 오로지 칭찬받기 위해 일하는 사람은 당연히 없겠지만, 칭찬이 앞으로 나아갈 좋은 연료가 되어주는 것은 부정할 수 없습니다. 칭찬의 말은 사람을 성장시키는 힘이 있습니다. 실패로 위축된 누군가의 마음에 용기와 응원의 바람을 일으킬 수 있습니다. 진심을 담아 사랑하는 사람들에게 칭찬의 말을 건네보면 어떨까요?

66

칭찬의 말은 그 의도를 명확하게, 상대가
이해할 수 있도록 전해야 합니다. 상대가
들었을 때 칭찬인지 나쁜 말인지 구분되지
않는 모호한 말은 칭찬이 될 수 없습니다.

99

04

내 편도 적이 되는
한마디

내가 똑바로 섰을 때
남도 나를 대우해준다.

-소크라테스

◗◗ 다정한 말을 잃으면 사람도 잃는다 ◗◗

광고회사에 다니는 제 친구의 이야기입니다. 그 회사에는 친구가 존경하고 잘 따르는 한 선배가 있었습니다. 친구의 말에 따르면 성품이 온화하고 따뜻해 항상 후배들의 고민을 진심으로 들어주고 격려하는, 모두에게 존경받는 선배였습니다. 평소 친구가 얼마나 자랑을 했는지, 이야기를 하도 많이 들어서 한 번도 본 적 없는 그 선배에 대해 저도 잘 알게 되었죠. 친구는 그 선배를 자신의 롤 모델로 꼽을 만큼 좋아하고 존경했습니다.

"어떤 점이 그렇게 좋은데?"

"항상 따뜻하게 말하고, 절대 뒤에서 다른 사람 험담하지 않아. 심지어 능력도 있는데 겸손하고! 정말 모든 면에서 닮고 싶은 사람이야. 선배 옆에 있으면 나도 저절로 좋은 사람이 되는 것 같아."

주변에 그런 사람이 있다는 것만으로도 친구가 부러웠습니다. 친구는 종종 선배가 보낸 문자 메시지를 보여주며 자랑을 했습니다.

'○○야, 오늘도 정말 수고 많았어! 네 덕분에 이번 프로젝트도 잘 마칠 수 있었다.'
'너 같은 후배가 있어서 정말 든든해. 다음 프로젝트도 같이 힘내보자!'
'○○는 분명 더 잘될 거야! 이미 충분히 멋지고 넘치게 좋은 사람이야.'

이런 따뜻한 격려를 전하는 선배라니…. 메시지들을 보니 이 선배가 왜 친구의 롤 모델이 되었는지 단번에 알았습니다.

어떤 상황에서든 한결같이 따뜻하고 힘이 나는 말, 긍정적인 말을 하는 이런 사람 옆에는 당연히 사람이 넘쳐나겠죠. 능력도 뛰어났지만 사람을 끌어당기는 말주변 덕분에 그 선배는 일에서 더욱 인정받았고, 누구보다 빠르게 팀을 이끄는 팀장이 되었다고 합니다.

그런데 그때부터 모든 게 달라졌습니다. 늘 겸손하고 따뜻했던 선배가 팀장이 된 후로 완전히 달라졌다고 합니다. 사람보다 일, 성과를 우선시했고 권위적으로 팀을 이끌었다고 해요. 그런 선배를 보며 친구는 충격에 빠졌습니다. 물론 자리와 위치가 바뀌면 추구하는 가치의 우선순위가 달라질 수는 있습니다. '자리가 사람을 만든다'라는 말도 있잖아요. 하지만 달라진 건 가치뿐만이 아니었습니다.

결정적으로 달라진 건 선배의 말이었습니다. 늘 긍정적인 말을 하던 그는 어디서든 어떤 행동을 하든 문제점과 지적할 거리를 찾아냈다고 합니다. 그날의 본인의 기분과 감정에 따라 주변 사람을 대하는 태도도 달라졌고요. 무엇보다 강압적이고 위계적인 말로 사람들에게 상처를 주었다고 합니다.

"설마 이걸 기획안이라고 써온 건 아니지?"

"생각을 좀 하자. 이건 아닌 것 같아."

"나는 그런 스타일 딱 질색이야."

후배들에게 자기 생각을 강요하기까지 했고, 급기야 친구는 선배와 대화하다가 너무 의견이 달라서 언쟁까지 벌이게 됐다고 합니다. 같은 사람이 맞나 싶을 만큼 달라진 모습에 이야기를 전해 듣는 저조차도 믿지 않을 정도였지요. 사소한 사건이 큰 언쟁으로 이어졌고, 두 사람은 결국 서로 등을 돌리는 사이가 되었습니다.

하루아침에 선배가 왜 그렇게까지 달라졌는지 자세한 내막은 알 수 없지만 나중에는 제 친구뿐 아니라 다른 동료들도 하나둘 선배의 곁을 떠나게 됐다고 합니다. 사적인 만남이나 말은 하지 않게 된 거죠. 모두에게 인정받고 존경받던 선배는 그렇게 사람을 잃고 외로운 팀장이 되어버렸습니다.

친구의 이야기를 들으며 저도 마음이 안타까웠습니다. 그 선배처럼 부정적이고 까칠한 말을 입에 달고 살다간 주변에 있던 사람들이 다 떠나가고 외롭게 혼자 남은 나를 발견할 수도 있겠다는 생각이 들었습니다. 내 편도 적으로 만들고, 원수도 내 편으로 만들 수 있는 말의 위력을 다시 한번 느낄 수 있었어요.

'내 주변에는 왜 사람이 없는 걸까?', '내 말투에 무슨 문제가 있나?'하며 인간관계가 좀처럼 풀리지 않는다는 생각이 든다면, 자꾸 주변 사람들이 떠나간다면, 사소한 이유로 말다툼이 생긴다면 나의 말을 먼저 돌아봐야 합니다. 그리고 지금의 상황에서 달라지고 싶다면 말을 먼저 바꿔보세요.

● 배려 없는 조언은 관계를 망친다 ●

말 한마디로 사람을 잃은 안타까운 경험이라면 저에게도 있습니다. 어느 날 친한 선배가 강아지를 입양하고 싶다며 강아지 사진을 보여줬어요.

"재은아, 강아지 너무 귀엽지? 진짜 키우고 싶다."

하지만 저는 선배가 내민 강아지 사진을 보기도 전에 이렇게 말했습니다.

"선배! 선배는 강아지 키우면 안 돼요!"

"왜?"

"선배는 너무 바쁘잖아요. 바쁜 사람은 강아지 키우면 안 돼요."

"네가 나에 대해 뭘 안다고 그래?"

순식간에 분위기가 싸늘해졌습니다. 강아지들은 산책도 자주 해줘야 하고 사람 없는 집에 오래 있으면 정서적으로 좋지 않으니 염려되는 마음에 한 말이었는데…. 저도 모르게 선을 넘어버린 거죠. 저의 걱정과 선입견이 선배에게는 자신을 무시하는 태도로 비쳤던 것 같습니다. 강아지를 키우든 말든 선배가 결정할 일인데 왜 그런 말을 했는지 후회가 되었습니다.

그렇게 지레짐작하지 않고 한 번 더 강아지를 키우려는 선배의 의중을 물어볼 수 있었을 겁니다. 그러니까 상대방이 강아지를 키울 시간도 없을 만큼 바쁜 사람인지 입장을 먼저 물었어야 했어요. 그리고 "안 돼요!"라고 부정적이고 단정적인 언어를 쓴 것도 화근이었죠.

아주 오래전에 있었던 일이지만 지금까지도 후회가 남습니다. 그 후로 저와 선배는 어색한 사이가 되어버리고 말았지만, 선배는 그 강아지를 입양했고 좋은 반려인이 되었습니다.

이처럼 어쭙잖은 조언을 하려다가 오히려 관계가 틀어지는 일이 있습니다. 우리는 우리가 아끼는 사람들에게 종종 이렇게 말하곤 합니다.

"내가 그거 해봤는데, 정말 좋았어. 너도 꼭 한번 해봐!"

진심으로 좋았던 경험이라 내가 아끼는 사람들도 꼭 해보면 좋겠다 싶은 마음에 하는 이 말! 하지만 이 말도 누군가에겐 부담이 되고 상처가 될 수 있다는 것을 깨달은 일이 있었습니다.

저는 대학 4학년 2학기에 MBC 공채 시험에 합격했습니다. 또래들보다 일찍 아나운서가 되었죠. 저의 합격 통지를 받고선 KBS 시험을 앞둔 친한 동생을 만났습니다. 함께 시험을 준비했기에 제 경험이 조금이라도 도움이 되었으면 하는 마음으로 이런저런 조언을 건넸습니다.

"시험 준비하면서 읽었던 책인데 너무 좋았어. 너도 한번 읽어봐!"

"그 방송, 모니터했던 게 도움이 되더라. 너도 한번 봐."

"그 미용실이 깔끔하게 머리를 잘해주시더라고. 너도 한번 가봐."

잘됐으면 하는 마음으로 했던 말이었는데 그 친구에게는 부담이 되었던 것 같아요. 생각해보니 이런 말을 여러 번 반복해서 이야기했어요. 합격을 위해서라면 꼭 필요한 거라고 여겼던 거죠. 제가 모든 걸 경험한 게 아니었는데 말입니다. 결국 동생은 벽을 치고 말았어요.

"언니, 고마운데 나는 내가 알아서 할게."

한편으로는 나의 진심을 몰라준 동생에게 서운한 마음도 들었지만, 어쩌면 제 말이 잔소리로 들렸을 수도 있겠다는 생각이 들었습니다. 먼저 합격 좀 했다고 잘난 척하는 것처럼 느껴졌을 수도 있고요.

아무리 상대를 위한 말이라고 해도 내 마음과 의도가 온전히 전해지지 않는다면 상처가 될 수 있다는 사실을 깨달았습니다. 괜한 오지랖으로 친한 동생과도 그렇게 멀어지고 말았습니다.

그 후로는 아무리 가까운 사이라도 함부로 조언하지 않습니다. 내게는 좋은 경험이었지만 상대에게는 아닐 수도 있고, 조언하는 말 자체가 부담이 될 수 있기 때문이죠. 내가 경험하고 겪었던 일이 좋았다고 해서 상대방도 그렇게 해야만 하는 것은 아니니까요.

만일 그때 그 동생에게 "너도 한번 해봐!"라는 말 대신 "네가 준비한 대로 잘하고 와!", "그동안 열심히 했으니까 꼭 잘될 거야!" 같은 따뜻한 응원의 말을 건넸더라면 좋았을 텐데요. 동생의 상황을 좀 더 헤아리지 못한 데 대한 아쉬움이 남습니다. 지금 누군가에게 건네려는 말이 상대를 충분히 배려한 것인지 돌아보고, 상대가 듣고 싶은 다정한 말은 무엇일지 잠깐이라도 고민해보았으면 합니다.

> **"**
>
> 인간관계가 좀처럼 풀리지 않는다는 생각
> 이 든다면, 자꾸 주변 사람들이 떠나간다
> 면, 사소한 이유로 말다툼이 생긴다면, 나
> 의 말을 먼저 돌아봐야 합니다. 그리고 지
> 금의 상황에서 달라지고 싶다면 말을 먼저
> 바꿔보세요.
>
> **"**

05

내 안의 '맞춤법 박사님'
몰아내기

무심코 던진 한마디가
누군가에게는 큰 상처가 된다.

-이솝(Aesop)

◉ 메시지에 집중하라 ◉

아나운서들은 흔히 말하는 '직업병' 같은 게 있습니다. 맞춤법이 틀린 문장을 보면 고쳐 바로잡으려는 병입니다. 말하는 일을 계속하다 보니 생긴 일종의 습관인데요. 누군가와 대화할 때도, TV를 볼 때도, 친구와 메시지를 주고받을 때도, 노래를 들을 때도 불쑥불쑥 증상이 나타납니다. 틀린 것을 당장에 바로잡고 싶은 지적 욕구가 스멀스멀 올라오는 것이죠.

최근 맞춤법과 올바른 표기에 예민하게 반응하는 분들이 늘고 있습니다. 하지만 여전히 많은 사람이 자주 틀리는 맞춤법이나 발음이 있죠. 점점 맞춤법이나 발음에 대한 기준이 흐려지다 보니 저 같은 '맞춤법병'에 걸린 사람들은 더욱 증상이 심해지는 것 같아요. 틀린 글자, 잘못된 발음을 접하면 앞뒤 보지 않고 바로 지적해버리죠. 하지만 그 때문에 정작 대화에서 중요한 정보나 메시지를 종종 놓치곤 합니다. 우리가 소통하는 데 맞춤법과 메시지, 둘 중 무엇이 더 중요할까요?

◗ 정확한 말보다 더 중요한 건 배려하는 마음 ◖

새해를 맞아 오랜만에 친구에게서 이런 문자 메시지가 왔습니다.

'재은아, 오랫만이네! 시간이 이렇게 금새 흘러버렸다. 어떻해 지내? 오늘따라 웬지 니 생각이 나서 연락해봤어. 항상 건강하게 잘 지내길 바래.'

의미는 분명하지만 어딘가 어색해 보이죠? 올바른 맞춤법에 따라 다시 적으면 다음과 같습니다.

'재은아, 오랜만이네! 시간이 이렇게 금세 흘러버렸다. 어떻게 지내? 오늘따라 왠지 네 생각이 나서 연락해봤어. 항상 건강하게 잘 지내길 바라.'

당장 잘못된 맞춤법을 바로잡아서 답장을 보내고 싶은 마음이 굴뚝같았지만 꾹 참았습니다. 카페에서 커피를 마실 때도 종종 증상이 나타나는데요. 어느 날은 옆자리에 앉은 일행이 나누는 대화 내용을 우연히 듣게 되었습니다. 때로는 이렇게 귓가에도 맞춤법 필터가 작동되곤 합니다. 여기서는 '발음 박사님'이 출동하는 순간입니다.

"그래서 닭이[닥이] 먼저야? 계란이 먼저야?"
→ "그래서 닭이[달기] 먼저야? 달걀이 먼저야?"

"논문 때문에 안간힘[안간힘]을 쓰고 있는데 정말 끝을[끄슬] 모르겠어."

→ "논문 때문에 **안간힘[안깐힘]**을 쓰고 있는데 정말 끝을 [*끄틀*] 모르겠어."

"조금만 더 힘내! **끝이[끄시]** 얼마 안 남았다니까."
→ "조금만 더 힘내! **끝이[끄치]** 얼마 안 남았다니까."

연말 시상식에서 상을 받은 누군가의 소감을 들을 때도 마찬가지예요. 감동과 웃음이 넘치는 그 현장을 보면서도 저도 모르게 잘못된 발음과 맞춤법을 고쳐주고 싶은 오지랖이 발동합니다.

"이번 작품하면서 정말 **설레이는** 순간이 많았어요. 이 **자리를 빌어서** 도움 주신 **모든 분들께** 감사드립니다."
→ "이번 작품하면서 정말 **설레는** 순간이 많았어요. 이 **자리를 빌려서** 도움 주신 **모든 분께** 감사드립니다."

어느 날 함께 일하던 후배가 다른 회사로 이직을 하게 되었어요. 아쉬운 마음에 함께 커피를 마시며 커피숍에 앉아 이야기를 나누고 있었죠. 하지만 후배의 말은 자동으로 제 귓가에서 필터링이 되고 있었습니다.

"선배, 그동안 정말 감사했어요. 저 잃어버리시면 안돼요!"

눈치채셨나요? '잃어버리다'가 아닌 '잊어버리다'라는 표현을 써야 하죠. 이윽고 주문한 커피가 나왔습니다. 카페 점원의 한마디와 함께요.

"5번 손님, 주문하신 커피 나오셨습니다."

많은 카페에서 "커피 나오셨습니다."라는 표현을 씁니다. 손님을 존대하려는 의도에서 나온 표현이죠. 하지만 커피나 음식에는 존칭을 쓰지 않습니다. 그저 "주문하신 커피 나왔습니다."라고만 해도 충분합니다.

'맞춤법 검사기'를 마음속으로만 생각하며 '말로 옮기는 것은 참자'를 되뇌고 있었는데, 이어진 후배의 말에 결국 오지랖이 발동했습니다.

"선배, 오늘은 늘 먹던 거랑 틀린 메뉴네요?"

"응. 그런데 '틀린' 게 아니고 '다른' 메뉴를 고른 거지."

그러려고 했던 건 아닌데, 저도 모르게 '맞춤법 박사님' 병이 도진 거죠. 이후 분위기가 어땠는지는 말하지 않아도 상상이 가시죠?

그런데 제가 이런 증상을 이겨낼 수 있던 계기가 있었습니다. 어느 날 지인과 대화를 하는 중이었어요. 지인은 저보다 훨씬 '박사님 증상'이 심각했습니다. 제가 하는 말마다 발음은 물론이고 장단음에 말의 의미까지 하나하나 아주 깐깐하게 지적을 해주었어요.

제 이야기에는 딱히 관심이 없고 오로지 발음에만 집중하고 있다는 기분이 들었죠. 그리고 그때 깨달았습니다. 방송이 아닌 일상적인 대화를 할 때는 흐름에 크게 지장이 없다면 가끔은 모른 척 넘어가도 된다는 사실을요.

물론 정확한 발음과 올바른 맞춤법으로 말하는 것은 정말 중요합니다. 아나운서로서 사람들이 정확하게 말하도록 장려하는 것도 중요하고요. 하지만 그보다 더 중요한 것은 말하는 사람을 배려하는 자세입니다. 내 앞에 있는 사람이 무엇을 말하는지, 어떤 내용을 전달하고 싶은 것인지 온전히 듣는 태도가 필요한 겁니다. 상대는 시시콜콜한 일상 이야기를 하며 친근한 마음을 드러낼 수도 있고, 내가 몰랐던 소식에 대해 이야기하면서 중요한 정보를 전달하려는 의도일 수도 있습니다. 이런 생각이 든 뒤부터는 맞춤법과 발음 박사님 증상이 나타나려고 할 때 잘못을 지적하기보다는 자연스럽게 돌려 말하게 되었어요.

예를 들면 앞서 친구가 보낸 메시지에서 틀린 글자를 한두 개만 살짝 수정해서 답신을 보내는 식이었습니다. 똑같이 그대로 되돌려주기보다는 상대방에게 고마움을 전할 것이나 칭찬할 것은 없는지 찾은 후 덧붙이면 지적 같아 보이는 문장도 한결 가벼워집니다.

'재은아, **오랫만이네!** 시간이 이렇게 **금새** 흘러버렸다. **어떻해** 지내? 오늘따라 **웬지 니** 생각이 나서 연락해봤어. 항상

건강하게 잘 지내길 바래.'

　→ '응 오랜만이야! 나도 네가 어떻게 지내는지 궁금했는데. 건강하게 잘 지내고 있지? 요즘은 시간이 금세 획 하고 지나버리네. 바쁠 텐데 먼저 연락해줘서 고마워!'

> 정확한 발음과 올바른 맞춤법으로 말하는
> 것은 정말 중요합니다. 아나운서로서 사람
> 들이 정확하게 말하도록 장려하는 것도 중
> 요하고요. 하지만 그보다 더 중요한 것은
> 말하는 사람을 배려하는 자세입니다.

06

침묵할 줄 아는
용기

미련한 자라도 잠잠하면 지혜로운 자로 여겨지고
그의 입술을 닫으면 슬기로운 자로 여겨지느니라.

−잠언 17:28

◉ 빈말보다는 침묵을 선택하라 ◉

사실 제겐 맞춤법과 발음 박사님보다 더 심각한 증상이 있습니다. 바로 정적의 순간에 나타나는 'MC 병'인데요. 대화를 나누는 중에 생기는 잠깐의 공백을 견디지 못하는 증상입니다. 방송에서는 2, 3초의 정적도 자칫 방송 사고가 될 수 있습니다. 그래서 아나운서들에게 정적의 순간을 견디는 것은 마치 방송 사고를 방치하는 것처럼 매우 고통스럽고 어려운 일입니다.

얼마 전 퇴근길 엘리베이터에서 우연히 한 선배를 마주쳤습니다. 가볍게 인사를 나눈 뒤 잠깐의 정적이 흘렀죠. 역시나 저는 그 몇 초의 정적을 견디지 못하고 입을 먼저 떼버리고 말았습니다.

"선배님, 댁이 여의도였죠?"

"네, 여의도예요."

"와! 여의도! 너무 부러워요."

"네?"

"쉬는 날에 아이들 데리고 갈 곳이 많으시겠어요."

"???"

"거기 백화점도 있고 쇼핑할 곳도 많잖아요. 주말에 자주 가시겠어요."

"네? 이제 6개월 된 애를 데리고 가기엔 조금⋯."

"하하하⋯. 6개월⋯, 아 그렇구나."

무슨 말을 할지 조금 더 고민했으면 좋았을 텐데, 또 쓸데없는 말을 하고 말았습니다.

'아무 말 대잔치'라는 말, 들어보셨죠? 단어 그대로 생각 없이 아무런 말이나 하는 것을 의미합니다. 무의식적으로 떠오른 말을 뇌를 거치지 않고 곧바로 내뱉는 거죠. 즉 상대방에게 닿지 않는 '공허한 말'을 하는 건데요. 당연히 의사소통이 제대로 될 리 만무합니다. 이렇게 의미 없는 말로 대화를 이끌어가면 어느 순간 나는 '의미 없는 빈껍데기 같은 말만 던지는 사람'이 되어버립니다. 당연히 내 말의 신뢰도 떨어질 테고요. 결국 방송 사고보다 더 심각한 대인관계 사고가 나게 됩니다. 이처럼 대화 도중 잠깐의 공백을 견디지 못해서 하는 '아무 말'은 상대에게도 나에게도 그저 소음일 뿐입니다.

● 모든 말에는 무게가 있다 ●

제 지인도 비슷한 일을 경험한 적이 있습니다. 지인은 어느 날 퇴근하고 회사 앞 버스정류장에서 본부장님을 만났다고 합니다. 어쩌다 함께 버스를 기다리는 상황이 되었죠. 버스를 기다리는 시간은 5분 남짓이었는데 지인은 그 잠깐을 참지 못했고 결국 말이 튀어나오고야 말았습니다.

"본부장님, 저도 밥 한번 사주세요!"

"네? '저도'라는 건 다른 사람이 저와 식사했다는 이야기를 ○○ 씨에게 한 건데, 누가 그랬어요?"

"아, 제가 다른 팀 사람에게 들었는데 누구였는지 기억이 잘 안 나네요. 하하하…."

"???"

흔히 한국인은 '밥심'으로 산다고 그러죠. "언제 한번 밥 먹자."가 인사말이기도 하고요. 그 지인은 본부장님에게 그저 말을 걸고 싶었을 뿐인데, 전에 다른 팀 사람이 본부장님과 밥을 함께 먹었다는 이야기가 떠올라 순간적으로 그렇게 말한 거였습니다. '저도'라는 표현이 튀어나올 줄 모르고서 말이죠. 그렇게 돌아온 본부장님의 질문에 진땀을 뺐다고 합니다. 괜히 실명을 거론하면 당사자에게 좋지 않은 영향이 갈까 봐서요.

이처럼 한순간을 참지 못하고 말을 내뱉는 바람에 크고 작은 실수들을 할 때가 있습니다. 그래서 말은 주의하고 또 주의해서 해야 하는 것 같아요.

아무리 노력하고 연습해도 '말'은 참 어렵습니다. 그런데 말보다 더 어려운 것이 바로 '침묵'을 견디는 일입니다. 꼭 필요할 때 필요한 말을 하고 입을 다물어야 하는 순간에는 침묵할 줄 아는 것이 얼마나 중요한지 사람을 만나면 만날수록 실감합니다.

생각해보면 우리 주변에서 일어나는 갈등과 다툼은 대부분 너무 말을 많이 해서 생겨납니다. 심지어 자기가 무슨 말을 하고 있는지조차 인식하지 못한 채 이런저런 말들을 떠벌리고, 했던 말을 되풀이하고, 결국 넘지 말아야 할 선을 넘기도 하죠.

보통 상황에 맞지 않는 말을 하는 건, 내 머릿속의 생각이 혼자 동떨어져서 그렇습니다. 앞선 지인의 이야기를 다시 살펴볼게요. 퇴근시간, 버스정류장 앞에서 마주쳤는데 지인은 혼자서 '다른 팀원과 식사한 본부장님'을 생각하고 있는 거죠. 결국 상대는 뜬금없는 말에 대해 되묻게 되고 정적을 이기려 가볍게 시작한 말이 무겁고 길어지게 됩니다.

상황에 딱 맞는 말이 바로 떠오르지 않으면 지금 눈앞에 보이는 것을 언급해보세요. 버스정류장 앞에서 만났다면, "몇 번 버스를 타세요?", "지하철보다는 버스가 편하죠?"하는 식으로요. 서로에게 공통된 상황이 있으니 훨씬 편하고 가볍게 이야기할 수 있습니다. 혹은 한 박자 쉬어간다는 느낌으로 잠깐 침묵하는 것도 좋은 방법입니다. 순간을 참아내는 것도 용기입니다. 정적의 순간을 견디지 못하고 '아무 말'이 튀어나오려 한다면 속으로 셋까지만 세어보세요. 그리고 지금 이 말이 꼭 필요한 말인지 생각해보세요. 정적을 힘든 것이라 생각해 애써 견디려 하지 말고 즐겨보세요. 꼭 필요한 순간에 꼭 필요한 말을 하기 위해 침묵할 줄 아는 용기도 필요합니다.

66 ═══════════════════════════

말보다 더 어려운 것이 바로 '침묵'을 견디
는 일입니다. 꼭 필요할 때 필요한 말을 하
고, 입을 다물어야 하는 순간에 침묵할 줄
아는 것이 얼마나 중요한지 사람을 만나면
만날수록 실감합니다.

═══════════════════════ 99

꼰대가 되지 않는
말하기

말을 시작하기 전에 반드시 생각할 시간을 가져라.
당신이 하고자 하는 말이 말할 가치가 있는지,
무익한 말인지, 누군가를 해칠 염려가 없는지 잘 생각해보라.

-레프 톨스토이(Lev Tolstoy)

◖ 좋은 어른이 되려면 ◗

저는 어느덧 12년 차 아나운서가 되었습니다. 차장으로 진급하는 해였던 2022년에 무탈하게 승진했고 후배들도 여럿 생겼습니다. 이 정도면 어디 가서 "나 사회생활 좀 해봤다." 라고 말할 수 있는 '짬'이 됐으려나요? 10년 넘게 한 회사에서 일하면서 매일 다짐했던 것이 하나 있습니다. 바로 '꼰대되지 않기'입니다. 연차가 쌓이고 직장에 오래 다니면서 저도 모르게 '꼰대'의 마음을 갖게 될까 봐, 혹시 그런 마음으로 다른 사람을 판단하고 가르칠까 봐 늘 조심하고 있습니다.

후배들에게 불필요한 질문을 건네지는 않을까, 혹시나 쓸데없는 말을 꺼내서 같이 있는 게 불편한 사람이 되지 않을까, 또 선배들에게 나도 모르게 하지 않아도 될 말을 하지는 않을까 늘 경계합니다. 친구들과 가끔 '꼰대가 되지 않으려면'이라는 주제로 토론하기도 하는데요. 여러 이야기가 오가지만, 결국 핵심은 '말'입니다.

"꼰대가 되고 싶지 않아. 어떻게 하면 좋을까?"
"필요한 말만, 최소한으로 하면 돼."

많은 고민 끝에 내린 결론은 바로 이겁니다. '안 해도 되는 말은 하지 말자' 말이 많은 사람은 꼰대가 될 가능성이 매우 큽니다. 일단 제 경험으로 봐도 연차가 늘어날수록 자연스레 말이 많아지더라고요. 사회생활을 하면서 많은 사람을 만나고 많은 경험을 하겠죠. 그러다 보면 할 말이 많아지는 것은 당연합니다.

여기서 잠깐! 오해하면 안 됩니다. 훌륭한 선배들의 이야기는 언제나 큰 자산이 됩니다. 돈을 주고도 경험할 수 없는 인생의 지혜와 경험이 축적된 이야기죠. 그런 조언을 들을 수 있다는 건 정말 감사한 일입니다.

◉ 말을 할 '때'와 침묵할 '때'를 아는 것 ◉

앞에서 이야기한 '안 해도 되는 말'은 딱히 누구도 듣고 싶어 하지 않는, 그래서 굳이 하지 않아도 되는 불필요한 말을 뜻하는데요. 예를 들면 이렇게 시작하는 말들입니다.

"나 때는 말이야."
"우리 때는 안 그랬는데."
"예전엔 이런 건 꿈도 못 꿨어."
"세상 참 좋아졌다."

저도 가끔 예전에 진행했던 프로그램 이야기를 나누면서 후배들에게 '라떼(기성세대가 젊은 사람에게 예전 방식을 말할 때 쓰는 말. '나 때'를 줄여 재미있게 발음한 것에서 비롯되었다)'를 이야기할 때가 있더라고요. 순간 깜짝 놀라서 입을 틀어막곤 합니다. 또한 '라떼'를 이야기하지 않아도 자신이 살아온 시간의 길이와 경험에 맞춰 사람들을 평가하는 것 역시 꼰대로 가는 지름길입니다.

"걔는 대체 왜 그러니?"

"요즘 애들은 참 신기해."

실제로 제 주변에도 만날 때마다 다른 사람 이야기를 하는 사람이 있는데요. 그 사람과의 대화의 시작은 늘 이렇습니다.

"재은아, 누구누구에 대해서 어떻게 생각하니? 요즘 애라 그런지 좀 이상해."

"괜찮으니까, 솔직하게 말해봐. 걔는 진짜 별로지 않니?"

"걔가 쓴 기사 읽어봤니? 나 때는 말이야, 그렇게 쓰면 혼났어."

누군가에 대해 어떻게 생각하는지, 그 사람의 어떤 점이 거슬리는지 내 의견을 묻는 말로 시작해서 결국 그 사람에 대한 험담으로 대화가 이어집니다. 그 험담에 제가 동참하길 바라는 마음에 말을 꺼낸 것이죠. 그렇게 시작된 이야기는 마치 풍선처럼 계속해서 빵빵하게 부풀어 오릅니다. 듣고 있는 저조차도 언제 터질지 모르는 풍선을 손에 들고 있는 것처럼 불안해지더라고요.

　본인의 생각 또는 기준과 다르다는 이유로 다른 사람을 평가하고 비난하는 사람은 자신이 남보다 우월하고 똑똑한 존재라고 믿는 경우가 많습니다. 또 상대의 말은 경청하지 않고 나의 말만 정답이라고 주장합니다. 조금의 반론도 통하지 않죠.

　"그 사람도 그렇게 행동하는 데는 나름의 이유가 있지 않을까요?"
　"재은아, 그렇게 좋게 말할 필요 없어. 그냥 솔직하게 말해도 괜찮아."

　이렇게 서로 소통이 잘되지 않는 거죠. 그런 사람과 대화하다 보면 '아, 언젠가는 이 험담의 주인공이 내가 될 수 있겠구나' 하고 쓸쓸해집니다. 친구들과의 대화에서도 그런 경우가 종종 있습니다.

　"이건 진짜 너한테만 하는 말인데…."

"아니, ○○ 걔가, 글쎄 그런 일이 있었대. 네가 생각해도 진짜 이상하지?"

아무한테도 하지 말아야 하는 말이면 아무한테도 안 해야 하는데 왜 굳이 말하는 걸까요? 어쩌면 다른 사람의 허물을 말하는 데서 은근히 쾌감을 느끼는지도 모르겠습니다. 누군가에 대해 험담하면서 자기들끼리 유대감과 결속을 다질 수도 있고요. "비밀이면 굳이 나한테도 말하지 마. 별로 궁금하지 않으니까."라고 잘라내면 될 텐데 굳이 그 이야기를 듣고 있는 저 자신도 이해가 되진 않습니다.

"말을 해야 할 때가 있고 입을 다물어야 할 때가 있다."

성경에 있는 구절입니다. 말할 때와 침묵할 때를 아는 것은 영원한 인생의 공부입니다. 그러기 위해서는 때로는 침묵할 줄도 알아야 한다는 걸 기억하려고 노력합니다. 친한 선배가 자주하는 말이 있는데요. "회사에서만큼은 방송이나 업무에 필요한 말이 아니라면 굳이 안 해도 괜찮아. 출근할 때 '안녕하세요, 좋은 아침입니다', 퇴근할 때 '고생하셨습니다. 편안한 저녁 보내세요' 이 두 마디면 충분해." 저도 동의합니다. 실천해보니 확실히 절제하지 못할 말을 쏟아내는 것보다 훨씬 좋은 방법이더라고요.

　말에도 절제가 필요합니다. 침묵하면 자연스럽게 더 많은 것을 들을 수 있습니다. 물론 쉽지는 않을 거예요. 하지만 일단 몸에 익히고 나면 나의 의지대로 혀를 다스릴 수 있는 날이 오겠죠?

"

말에도 절제가 필요합니다. 침묵하면 자연
스럽게 더 많은 것을 들을 수 있습니다.

"

08

무례한 요구를
현명하게 거절하는 법

요청을 받아들이고 내내 뒤척일 것 같으면 용기를 내라.

거절도 용기다.

-작자 미상

◉ 무조건 착한 사람이 될 필요는 없다 ◉

조금 오래전에 있었던 일입니다. 한 선배가 저를 부르더니 자료 정리를 부탁했습니다. 외부에서 중요한 강의가 예정되어 있는데 강의에 필요한 자료들을 뽑아서 정리해 오라는 거였죠. 당연히 저나 선배의 업무와는 상관없는, 개인적인 일이었습니다. 심지어 정해진 분량도, 범위도 없었습니다. 그러면서 선배는 이렇게 말했습니다.

"재은이 네 능력이 어느 정도인지 한번 보겠어. 나중에 너한테도 도움이 될 거야. 열심히 해와!"

선배는 개인적인 업무를 시키면서 마치 나를 평가하는 테스트인 것처럼, 나를 위한 일인 것처럼 포장했어요. 처음엔 그의 지시가 부당하다는 생각도 못 했던 것 같아요. 그저 선배가 시키는 일이니 열심히 해야겠다는 생각으로 시간을 쪼개서 자료를 정리해 갔습니다.

그런데 선배의 그런 사적인 업무 지시는 이후로도 계속됐습니다. 그럴 때마다 저는 차마 거절하지 못했어요. 선배한테 미움받을까 봐, 혹시라도 나에 대해 안 좋게 말하고 다닐까 봐, 일 못한다고 낙인찍힐까 봐 두려운 마음이 컸습니다. 하지만 시간이 지날수록 뭔가 잘못됐다는 생각이 들었습니다. 그럼에도 착한 사람으로 남고 싶어서 떨쳐내지 못하고 전전긍긍하던 어느 날이었습니다.

"너, 이걸 지금 자료 정리라고 해온 거야? 다시 해와!"

그날도 선배가 부탁한 자료를 건넸는데 이렇게 화를 냈습니다. 제가 조사하고 정리한 자료가 마음에 들지 않았던 거죠. 공식적인 업무도 아닌 개인적인 일을 부탁하고선 고맙다고는 못할망정 되레 성질을 내는 모습을 보며 아무리 선배라도 정말 무례하다는 생각이 들었습니다.

그때 깨달았어요. 부탁을 무조건 다 수락해야 한다는 착각, 거절하면 안 된다는 강박에서 벗어나야 한다는 사실을요. 선배가 했던 건 부탁이 아니라 부당한 지시였고 자신의 지위를 이용한 강요였습니다. 선배는 거절 못 하는 후배의 처지를 이용한 겁니다.

그날 이후 선배의 사적인 업무 부탁이나 부당하고 불합리하다는 생각이 드는 지시는 거절했습니다.

"선배님, 이건 선배님의 개인적인 일인 것 같은데요. 죄송하지만 저는 회사 업무로도 벅찬 상황이라 개인적인 일까지 도와드리기는 어려울 것 같습니다."

정확하고 단호하게 이야기하니 선배는 당황해했고, 이후로는 개인적인 지시를 하지 않았습니다. 거절하면 안 된다는 강박에서 벗어나니 마음이 후련해지는 걸 느꼈죠. 그리고 이

처럼 부당한 요구는 단호하게 선을 긋고 거절하는 게 맞는 것
이라고 깨달았습니다.

◉ 자기표현은 확실하게 하라 ◉

앞의 경험은 조금 극단적인 예시였지만 이런 상황 말고도
거절이 필요한 순간들이 정말 많습니다. 사회생활을 하면 할
수록 거절을 잘하는 사람이 진짜 프로라는 생각이 드는데요.
거절도 실력이구나 하고 느낄 때가 많습니다.

하지만 거절은 어떤 상황에서든, 누구에게든 쉽지 않습니
다. 어떻게 해야 할지 몰라서, 미안해서, 미움받을까 봐 거절
하지 못합니다. 저 역시 그랬습니다. 아무리 어려운 부탁이라
도, 설사 내가 조금 손해를 보더라도 거절하지 못했습니다.
그래야 하는 줄 알았고 그게 좋은 건 줄 알았습니다. 하지만
거절하지 못해서 시간을 낭비하게 되고, 불필요한 감정과 에
너지를 소비하는 경우가 많아지면서 거절을 잘하는 사람들
이 부러웠습니다.

회사 생활을 하면서 흔히들 하는 착각은 주어지는 모든 일을 다 해내야 한다는 겁니다. 특히 신입사원 시절에는 누군가 무슨 일을 시키면 무조건 반사적으로 "네! 알겠습니다! 제가 해보겠습니다!"라고 합니다. 물론 패기는 좋지만 아닌 건 아니라고 말하고 거절할 줄 아는 자세도 때로는 필요합니다. 내가 할 수 없는 일을 억지로 떠안고 일과 관계를 망쳐버리는 것보다 단호하고 깔끔하게 거절하는 것이 낫습니다.

중요한 건 거절 자체가 아니라 '어떻게 거절하느냐'입니다. 같은 거절이라도 상대방이 기분 나쁘지 않도록 정중하고 예의 바르게 할 수 있다면 얼마나 좋을까요.

아나운서들의 주요 업무 중 하나는 '녹음'입니다. 다양한 프로그램에서 녹음 의뢰가 들어오곤 합니다. 짧으면 2~3초짜리 타이틀 녹음부터, 5~10분 길이의 코너 더빙, 한 시간 길이의 다큐멘터리 더빙 등 녹음을 해야 하는 경우들이 많습니다. 프로그램들의 성격과 분위기가 제각각이라 그에 맞게 목소리 톤과 속도도 조절해야 하죠. 그럴 때 녹음을 의뢰하는 PD님이나 작가님들은 누구 한 사람을 콕 집어서 "○○ 님 목소리가 잘 어울리니 녹음해주세요."라며 섭외하기도 하지만, 급할 때는 시간이 맞는 사람에게 무작정 연락하기도 합니다.

예전에 저는 녹음 의뢰가 들어오면 묻지도 따지지도 않고 무조건 수락했습니다. 그러다 보니 제 목소리에 어울리지 않는 프로그램도 많이 맡게 되고, 억지로 목소리를 쥐어짜서 하다 보니 결과물이 만족스럽지 못했습니다. 심지어 너무 창피해서 지금까지 보지 못한 방송도 있죠. 이게 다 거절하지 못해서 발생한 일입니다.

그런 경험을 통해 제 목소리 톤이나 분위기가 프로그램과 잘 맞지 않는다면 거절할 줄도 알아야 한다는 사실을 배웠습니다. 제 욕심 때문에 오히려 프로그램에 방해가 될 수도 있으니까요. 따라서 나를 객관적으로 보고 할 수 없는 일은 못한다고 스스로 인정하고 거절하는 게 필요합니다.

"재은 씨, 녹음 하나 부탁하려고 하는데요."

"네, 선배님. 어떤 내용인가요?"

"차분하고 잔잔한 내용인데…."

"선배님, 그 프로그램 특성상 목소리 톤이 조금 낮은 사람이 어울릴 것 같은데요. 아시다시피 제 목소리가 좀 밝고 높아서요. 그래도 괜찮을까요?"

이렇게 정중하게 의견을 전달합니다. 대안도 제시하면 좋고요.

"그래? 그럼 다른 사람한테 연락해봐야겠다. 다음에 밝은 프로그램할 때 연락할게!"
"네, 다음에 꼭 연락해주세요. 감사합니다!"

끝! 깔끔하지 않나요? 만일 PD님이나 작가님이 "이번 건 밝게 하고 싶어서 재은이가 해줬으면 좋겠어."라고 한다면 "그렇다면 당연히 해야죠. 언제 뵐까요?"라고 말하고 즐겁게 녹음합니다.

사실 처음엔 들어오는 일을 거절한다는 게 불안했습니다. 저의 부족한 점을 드러내고 해야 할 일을 회피하는 것 같아서 괴로운 마음도 들었죠. 하지만 자기에게 맞지 않는 옷을 입고 애쓰는 모습은 시청자들에게도 다 보이고 다 들립니다. 같이 일하는 동료들은 말할 것도 없고요. 그런 경우라면 오히려 깔끔하게 거절하고 그 옷이 잘 맞는 사람에게 양보하는 것이 진짜 프로입니다.

또한 자신의 경력을 고려할 때도 눈앞의 상황보다는 멀리 보는 것이 도움이 됩니다. 우리가 흔히 하는 착각은 한 번의 거절이 내 앞날을 결정하리라고 생각하는 것입니다. '그 사람의 부탁을 거절했으니 나는 이제 나쁜 사람이 될 거야', '이제 나한테 다시는 연락하지 않을지도 몰라' 이렇게 생각하며 나를 어떻게 평가할지 두려워합니다. 하지만 거절한다고 해서 능력이 없거나 나쁜 사람이 되는 것은 절대 아닙니다. 일뿐만 아니라 일상생활에서도 거절이 오히려 현명할 때가 있습니다.

한번은 같이 점심을 먹자는 선배의 연락을 거절하지 못한 적이 있습니다. 정신을 차리고 보니 모르는 사람들과 밥을 먹고 있는 저 자신을 발견했지요. '나는 누구? 여긴 어디?' 같은 어리둥절한 상황이 벌어지는 거죠. 그런 경우 당연히 그 자리에 집중하지 못하고 빨리 벗어나고 싶은 마음만 듭니다. 함께 식사하는 사람들에게도 실례가 될 수밖에 없습니다. 결국에는 서로에게 별로 좋지 않은 기억으로 남게 되니, 싫은 티를 내면서 가는 것보다 빠르고 정중하게 의사를 전달하는 것이 중요합니다.

"선배님, 죄송합니다. 오늘 혼자만의 시간이 필요해서 함께하지 못할 것 같습니다."

"저는 다음에 함께하겠습니다. 생각해주셔서 감사합니다."

가장 중요한 것은 솔직하게 말하는 것입니다. 이리저리 돌려 말하지 말고, 빈말하지 말고 담백하고 솔직하게 내 상황과 마음을 이야기하는 거예요. 솔직하게 이유를 말하면 상대도 이해합니다. 상대는 부탁할 자유가 있고 나는 거절할 자유가 있습니다. 거절을 못 하는 사람은 여기저기 끌려다니는 경우가 많습니다. 일은 물론이고 사람과의 관계에서도요. 오히려 적절한 거리를 유지할 때 관계가 훨씬 만족스러울 수 있습니다.

◗● 단호하게, 그러나 부드럽게 거절하는 연습 ●◗

그런데도 거절이 어렵다면 거절의 기준과 순서를 먼저 정해보는 건 어떨까요?

첫째, 마음의 소리를 먼저 들어보세요. 다른 사람이 나를 어떻게 생각할지 생각하느라 정작 내 마음의 소리를 듣는 것에 소홀해지곤 합니다. 그러니 무엇보다 중요한 내 마음이 시키는 대로 하는 걸 우선시해보세요.

"내가 뭘 하고 싶은지, 하기 싫은지 모르겠어. 나도 내 마음을 모르겠어."

이런 사람들은 정신을 차리고 보면 업무와 전혀 상관없는 일을 하고 있거나, 예전의 저처럼 모르는 사람들과의 회식 자리에 있거나, 자기에게 전혀 맞지 않는 일을 하고 있을 가능성이 매우 큽니다. 더 이상 그러고 싶지 않다면 마음의 소리에 귀를 기울여보세요. 내가 하고 싶은 것, 하기 싫은 것이 무엇인지, 나의 감정이 어떤지에 집중해보세요.

둘째, 거절을 망설이지 마세요. 망설이고 주저하는 것은 내게도, 상대에게도 좋은 방법이 아닙니다. "조금만 생각해볼게…." 이렇게 여지를 남기면 상대는 기대하게 되고 기다리는 동안 기대가 커집니다. 그러고 나서 거절하면 상대는 오히려 더 기분이 나빠질 수 있고, 시간을 버리게 됩니다. 평소에 결정하는 게 어려운 사람이라면 거절하는 연습이 오히려 무언가를 선택하는 데에 도움이 될 겁니다. 내가 원하는 게 뭔지 확실하게 알게 되니까요.

셋째, 언제나 '예스맨'이 될 필요는 없습니다. 거절한다고 이기적인 사람이 되는 건 아닙니다. 반대로 부탁에 응한다고 해서 착한 사람이 되는 것도 아닙니다. 만족시킬 수 없는 일에 애쓰지 마세요. 내 것이 아닌 일에 욕심내지 말고 미련 갖지 마세요. 모든 부탁을 들어주지 않고도 친절하고 다정한 사람일 수 있습니다.

우리가 걱정하는 것만큼 상대방은 나를 신경 쓰지 않습니다. 내가 부탁을 거절하는 순간, 부탁에 응해줄 다른 사람을 찾아갈 거예요.

넷째, 친절하고 예의 바르게 거절하세요. 망설이지 말고 확실하게 거절하라고 해서 거칠고 무례하게 표현하라는 말이 아닙니다. 아래의 예시처럼 아쉬움, 감사, 다음을 기약하는 언어를 함께 곁들여 거절해보세요.

"도와드릴 수 있으면 좋겠지만 지금은 어렵습니다. 다음에 다시 연락해주세요."
"물어봐 주셔서 감사하지만 이번에 시간이 안 되네요."
"아쉽지만 저는 그 일에 적합한 사람이 아닌 것 같습니다."
"다음에 꼭 함께할 수 있기를 바랄게요."

거절은 우리의 권리입니다. 거절의 결과를 두려워하지 말고 자유를 되찾으세요. 마음이 시키는 대로 막상 거절하고 나면 '뭐야, 이게 이렇게 쉬운 거였어?' 하고 놀랄지도 모릅니다.

66 ━━━━━━━━━━━━━━━━━━━━

거절한다고 해서 능력이 없거나 나쁜 사람
이 되는 것은 절대 아닙니다. 일뿐만 아니
라 일상생활에서도 거절이 오히려 현명할
때가 있습니다.

━━━━━━━━━━━━━━━━━━━━ 99

마음이 풀리는
사과의 공식

사과는 아주 어색한 순간을
우아한 선물로 바꾼다.

-마거릿 리 런벡(Margaret Lee Runbeck)

2022년 10월 29일, 이태원 참사 당일의 기억이 아직도 생생합니다. 주말 저녁이었고 집에서 쉬고 있는데 휴대전화 알림이 울렸습니다. 이태원에서 심정지 환자가 발생했다는 속보였습니다. 시간이 지날수록 심상치 않은 분위기가 느껴졌고, 보도국 팀장님들이 모여 있는 카카오톡 채팅방에서는 긴장감이 느껴졌습니다.

'준비되는 대로 바로 특보 들어가겠습니다.'

얼마 지나지 않아 뉴스 특보가 시작됐습니다. 특보 담당 앵커가 급히 출근해 현장 상황을 전하기 시작했습니다. 희생자들은 눈덩이처럼 불어났고 뉴스를 보면서도 그런 상황이 믿기지 않았습니다. 사망자가 한 명씩 늘어날 때마다 가슴이 내려앉는 기분이 들었습니다.

함께 〈뉴스데스크〉를 진행하는 앵커 선배는 특보를 이어가기 위해 이미 회사로 향하고 있었고, 저는 아침 특보의 진행을 맡게 되었습니다. 하지만 도저히 잠이 오지 않았습니다. 결국 밤을 꼬박 새웠지요. 그리고 그날 밤 서울 도심 한가운데서 수많은 목숨이 희생됐습니다.

10월 29일, 그날은 우리 모두의 가슴에 깊은 상처와 아픔이 되었습니다. 하지만 진짜 아픔은 그다음부터였어요. 참사가 발생한 지 사흘이 지나도록 그 누구도 사과하지 않았습니다. 누구도 나서서 책임지려고 하지 않았지요. 이런 모습은 사랑하는 아들딸을 잃은 유가족들의 가슴에 더 큰 상처가 되었습니다.

정치적인 이야기를 하려는 것이 아닙니다. 국가적인 재난 앞에 정치적 이념을 떠나 모두가 같은 마음이었으리라고 생각합니다. 더욱이 이런 경험이 처음이 아니었으니까요. 책임자들이 그들의 책임을 인정하고 진정성 있는 사과를 하고 철저한 진상 규명을 위해 노력하는 것. 유가족들이 원하는 것은 그게 전부였습니다. 하지만 그마저도 잘되지 않는 현실에 가슴이 아팠습니다.

◖ 사과의 다섯 가지 언어 ◗

우리는 누구나 실수를 하고 잘못을 저지릅니다. 사람이니 당연히 그럴 수밖에요. 하지만 중요한 건 그다음입니다. 자신의 실수를 인정하고 사과하는 겁니다. 성숙한 사람이라면 당연히 알고 있는 사실이죠.

아론 라자르(Aaron Lazare) 교수가 쓴 《사과에 대하여》라는 책을 읽은 적이 있는데요. 아론 라자르 교수는 하버드 의과대학 정신과 교수를 거쳐 오랜 기간 매사추세츠 의과대학 학장을 지낸 석학이자, 수치심이나 창피함에 관한 심리 연구에서 세계 최고의 권위자입니다. 그는 사과에 대해서 이렇게 이야기합니다.

"사람들은 사과를 나약함의 상징처럼 보는 경향이 있다. 하지만 사과의 행위는 위대한 힘을 필요로 한다."

"진정한 의미의 사과란, 자신의 과오를 인정하고 피해자에게 용서를 비는 것이다."

사과는 잘못의 시인과 용서에 그치지 않고 갈등을 해소하는 열쇠가 된다고 라자르 교수는 말합니다. 그에 따르면 사과에도 단계가 있는데요. 인정과 후회, 해명 그리고 배상까지, 모든 과정을 거치고 나면 비로소 망가진 관계가 치유된다고 합니다. 저도 책을 읽으면서 단순히 미안하다는 말이 전부가 아니라 여러 단계를 거쳐서 진정한 사과의 마음과 말을 전할 수 있다는 것을 배웠습니다.

게리 채프먼(Gary Chapman)의 《5가지 사과의 언어》라는 책에도 비슷한 내용이 나오는데요. 사과의 마음을 전달하는 다섯 가지 언어가 인상 깊었습니다.

1. 유감 표명: "미안해요.", "당신에게 상처를 줬네요.", "정말 미안해요."

2. 책임 인정: "내가 잘못했어요.", "그렇게 행동해서 죄송합니다."

3. 보상: "내가 어떻게 하면 좋을까요?", "만회할 기회를 주세요."

4. 진실한 뉘우침: "다시는 그러지 않을게요.", "앞으로는 더 주의하겠습니다."

5. 용서 요청: "나를 용서해주세요.", "진심으로 사과합니다."

이런 과정을 통해 사과가 상대방에게 제대로 전달될 수 있다고 합니다. 하지만 5단계를 순차적으로 거치지 않고 가식적이고 그럴싸한 변명으로 잘못을 덮으려 하다가 더 큰 갈등을 유발하는 경우를 종종 보게 됩니다. 정확하고 확실한 사과만이 상대방의 마음에 닿을 수 있습니다. 혹시 사과를 전해야 할 사람이 있다면 5단계에 따라 자신의 마음을 전해보세요.

"정말 미안해요. 내가 잘못했어요. 만회할 기회를 주세요. 앞으로는 그러지 않을게요. 나를 용서해주세요. 진심으로 사과합니다."

◐ 사과의 타이밍 ◑

사과의 말을 하려는 타이밍도 중요합니다. 곧바로 사과해야 할 경우도 있고, 기회를 보아 너무 늦지 않게 사과의 말을 전해야 할 때도 있습니다. 그러면 언제 사과를 하는 것이 제일 좋을까요? 저도 항상 하는 고민인데요. 어릴 적부터 동생과 크고 작은 말다툼을 하고 나면 제가 늘 먼저 사과를 하곤 했습니다. 다툼 이후에 드는 불편한 기분이 싫었거든요. 그런 감정 상태를 오래 가져가는 게 싫었고, 상황을 빨리 정리하고 싶었던 거죠. 하지만 그런 이기적인 마음으로 하는 사과는 상황을 악화시킬 뿐이었습니다.

"아까는 미안했어. 화 풀어."

"언니! 그렇게 사과만 하면 끝이야?"

"사람이 먼저 사과를 하면, 좀 받아주는 시늉이라도 하면 안 되니?"

동생은 아직 감정이 풀어지지 않았는데 제 마음이 불편하다고 급하게 화해를 청하다가 더 큰 싸움으로 이어질 때도 있었죠. 타이밍도, 방식도 잘못된 사과였습니다. 동생이 왜 화가 났는지 감정을 충분히 표현하고 쏟아낸 뒤에, 그 마음을 내가 충분히 이해했다는 것을 전하고 나서 사과의 표현을 해야 했습니다. 그냥 무작정 먼저 사과를 한다고 해서 상황이 끝나는 건 아닌데 급한 마음에 섣불리 시도하다가 더 나쁜 결과를 맞이할 수도 있습니다.

감사의 말과는 달리 사과의 말은 즉각적으로 주고받기보다 서로 감정을 충분히 쏟아낼 수 있는 시간이 필요합니다. 상대가 하는 이야기에 귀 기울이고, 그 마음에 공감하는 시간이요. 잠시 숨을 고르는 시간을 제대로 갖지 않은 상태에서 건네는 사과는 오히려 역효과가 날 수 있습니다. 상대의 감정의 속도에 맞춰 천천히 다가가야 상대방도 진심을 느낄 수 있습니다. 너무 빠르지도 너무 늦지도 않게 말이죠.

그리고 동시에 내 마음도 돌아봐야 합니다. 정말로 미안한 마음이 드는지, 상대의 마음을 충분히 이해하고 있는지 자신의 마음을 돌아보세요. '아! 내가 잘못했구나' 하고 무언가 와 닿는 것이 있다면 진짜 사과를 하고 용서를 받을 수 있는 타이밍이 된 것입니다. 상대의 마음을 진심으로 헤아리는 사과가 진짜 사과입니다.

> 우리는 누구나 실수를 하고 잘못을 저지릅니다. 사람이니 당연히 그럴 수밖에요. 하지만 중요한 건 그다음입니다. 자신의 실수를 인정하고 사과하는 겁니다.

10

언어적 감수성
회복하기

고요할수록 많은 것이 들린다.

-피타고라스(Pythagoras)

◖ 나의 언어 습관을 점검하세요 ◗

그동안 무심코 습관적으로 써 왔던 말들에 화들짝 놀라는 경우가 있습니다. 저 역시 그런데요. 예전에 개인적으로 운영하는 유튜브 채널을 통해 운동하는 일상을 담은 영상을 올린 적이 있었습니다. 평소 배우고 싶던 테니스에 입문하는 과정을 찍은 영상이었는데 화면 속에서 저는 열심히 라켓을 쥐고 공을 치며 코트 위를 뛰어다녔어요. 이 부분을 편집하며 저는 "테린이는 오늘도 열심히 공을 줍습니다."라는 자막을 삽입했습니다. 그런데 한 구독자 분이 영상을 보고 이런 댓글을 남겨주셨어요.

"'테린이'나 '헬린이', '주린이' 같은 단어는 쓰지 않으시는 게 좋을 것 같아요. 어린이를 미숙하고 부족한 존재로 바라보는 단어니까요."

처음 댓글을 봤을 땐 고개를 갸웃했습니다. 그 단어를 비하의 의도로 썼던 것이 아니었으니까요. 하지만 이내 제 무지함을 깨닫고 부끄러워졌습니다. 아나운서로서, 많은 사람이 보는 영상을 공유하는 사람으로서 더 신중하게 단어를 골랐어야 했습니다.

실제로 국가인권위원회에서 이런 표현을 무분별하게 사용하면 안 된다는 판단이 나왔는데요. '~린이'라는 표현은 아동이 권리의 주체이자 존중받아야 하는 독립적인 인격체가 아니라 미숙하고 불완전한 존재라는 인식에 기반한 것이고, 그래서 아동에 대한 부정적인 고정관념을 조장할 수 있다는 것이 판단의 이유였습니다.

혹시라도 누군가 내 말에 불편함을 느끼거나 상처를 받지는 않을지, 나도 모르게 차별적이거나 비하하는 표현을 쓰지는 않았는지 항상 살피고 조심한다고 했는데 여전히 놓치고 있던 것들이 많았습니다.

"건강을 잃으면 정말 모든 걸 다 잃는 거야."

위의 문장도 우리가 많이 듣고 많이 하는 말입니다. 건강 잘 챙기라는 뜻으로 건네는 안부 인사죠. 그런데 이 말도 누군가에겐 상처가 될 수 있습니다. 질병이 있는 사람들을 완전한 패배자로 만드는 말이 될 수 있으니까요. 건강하지 않은 사람들도 자기 삶을 열심히 살아내고 행복해질 권리가 있는데, 어찌 보면 그런 희망까지도 꺾어버리는 말이잖아요.

비슷한 예로 최근 화두가 되는 '결정 장애'나 '발암 캐릭터' 같은 단어도 마찬가지입니다. 장애인이나 암 투병 중인 환자들을 부족하고 열등한 존재로 여기는, 비하의 의미로 사용되는 것처럼 들릴 수 있으니까요. 장애인이 아닌 사람을 '일반인'이나 '정상인'이라고 표현하는 경우도 있죠. 장애를 비정상적인 것으로 인식할 수 있기 때문에 이런 경우는 '비장애인'으로 쓰는 것이 맞습니다.

이처럼 우리가 지금까지 익숙하게 사용했던 단어들을 자세히 들여다보면 차별의 의미가 담긴 냉랭한 표현들이 생각보다 많습니다. 따라서 언어에 대한 예민 지수를 최대한으로 높여 그런 단어들은 꼼꼼하게 걸러내야 합니다. 때로는 '이렇게까지 생각할 수 있다고?', '그렇게 해석할 수도 있다고?'라는 생각이 들 수도 있습니다. 하지만 '무심코 던진 돌에 개구리가 맞아죽는다'라는 속담처럼 무심코 한 말에 누군가 상처를 받을 수 있으니 말하기 전에 미리 살펴야 합니다.

◉ 언어에 대한 예민 지수 높이기 ◉

우리 주변에는 성차별적인 단어들도 많습니다. 예를 들면 여교수, 여학생, 여학교, 여배우 같이 '여'라는 접두사를 붙이는 말들이 있죠. 남자 교수나 남자 배우에게는 남교수, 남배우라고 하지 않잖아요. 또 커리어우먼은 있지만 커리어맨은 없습니다. 성차별뿐만 아니라 사람과 사람을 가르는 차별의 의미를 내포한 표현들도 있습니다.

유모차 → 유아차

저출산 → 저출생

스포츠맨십 → 스포츠 정신

효자상품 → 인기 상품

집사람, 안사람 → 배우자

처녀작 → 첫 작품

사회적으로 논란이 되는 이슈에 대해서도 용어 정리가 필요할 때가 있습니다. 종종 뉴스 보도를 할 때 어떤 단어를 사용할 것인지를 두고 전체 회의를 하기도 하는데요. 단순한 사실을 전하는 뉴스지만 늘 섬세하게 언어를 고릅니다. 예를 들면 다음과 같습니다.

피해자 A 씨의 신체 일부를 몰카(몰래카메라)로 촬영, 유포한 혐의로 재판에 넘겨졌습니다.

→ 피해자 A 씨의 신체 일부를 불법 촬영해 유포한 혐의로 재판에 넘겨졌습니다.

'몰래카메라'라는 표현도 자주 쓰이는 말인데요. 과거에는 몰래카메라를 설치해 장난스러운 상황을 연출하는 예능이 국내외로 많았죠. 하지만 최근 들어 이 의미도 무거워졌습니다. 심각한 사안이 가볍게 비칠 수 있기 때문에 뉴스에서는 더 명확하게 '불법 촬영'으로 바꿔 씁니다. 성폭력 사건에서도 '나쁜 손', '몹쓸 짓'처럼 모호한 표현보다 '성추행', '성희롱' 등으로 정확하게 표현하고요. 자극적인 표현의 '리벤지 포르노'는 '디지털 성범죄'로 바꿔 씁니다.

또한 아동이나 청소년과 관련된 보도를 할 때는 '주린이', '골린이', '헬린이', '잼민이', '급식충' 등 아동을 비하하는 표현을 쓰지 않도록 합니다. 저도 이제는 주린이를 주식투자 초보자, 골린이는 골프 입문자, 헬린이는 헬스 초보자로 바꿔서 씁니다. 또 음주 운전자가 몰던 차량에 치어 인명이 희생되는 일이 끊이지 않고 발생하니 '음주 사고'를 '음주 살인'으로 쓰자는 의견도 있습니다. 음주 운전은 실수나 사고가 아니라 그 자체로 범죄이기 때문입니다.

앞서도 이야기했지만 우리말은 신기하고도 예민한 언어입

니다. '아 다르고 어 다르다'라는 말도 있듯이 단어 하나로 어감이 완전히 달라지기도 하고, 비슷한 단어처럼 보이지만 미묘하게 의미와 뜻이 다른 경우도 있습니다. 말 한마디 한마디를 더욱 신중하게 해야 하는 이유입니다.

나도 모르게 사용했던 단어들에 혹시 편견이나 선입견이 담기진 않았는지, 차별적인 의미가 담기진 않았는지 한 번쯤 나의 언어 습관을 돌아볼 필요가 있습니다. 생각이 바뀌면 말과 행동도 달라진다고 하죠. 말이 바뀌면 생각과 행동도 달라질 수 있습니다. 언어 감수성을 높여서 나의 말을 좀 더 정확하게 그리고 따뜻하게 바꿔나갔으면 좋겠습니다.

66

'무심코 던진 돌에 개구리가 맞아죽는다'라
는 속담처럼 무심코 한 말에 누군가 상처를
받을 수 있으니 말하기 전에 미리 살펴야
합니다.

99

11

단어 하나만 바꿔도
언어의 온도가 높아진다

항상 나와 상대의 입장을
바꿔서 생각하라.

-공자(孔子)

◑ 다정한 듯 상대방을 불편하게 만드는 말 ◑

분명 다정한 말인데 그렇게 느껴지지 않는 말이 있습니다. 예를 들면 출근길에 마주친 동료가 이렇게 인사할 때가 있어요.

"재은아, 무슨 일 있니? 오늘따라 피곤해 보이네. 혹시 잠 못 잤니?"
"아니, 나 아주 컨디션 좋은데…?"

가끔은 문자로 이런 안부 인사를 받기도 합니다.

'어제 방송 보니까 얼굴이 많이 어두워 보이던데, 괜찮아?'

마치 별일이 있어야만 할 것 같은 이런 인사말, 어떠세요? 겉으로 보기에는 참 다정한 말인데 왠지 모르게 불편하게 들릴 때가 있습니다. 사실 그만큼 제게 관심 있다는 뜻이고, 걱정되어 하는 말이겠지만 왠지 그 마음이 온전히 다가오지 않을 때가 있더라고요. 괜찮다고, 신경 써줘서 고맙다고 답하지만 뒤돌아서면 여러 생각이 듭니다. '나는 평소랑 똑같았는데, 오늘 화장이 이상한가?', '내 상태가 그렇게 별로인가?', '혹시 내가 뭔가 실수했나?'처럼 말입니다.

오랫동안 미국에 살았던 친구에게 들었는데 미국에서는 다른 사람에게 피곤해 보인다거나 어디 아프냐고 묻는 인사말은 잘 하지 않는다고 합니다. 어쩌면 듣는 사람에 따라 외적인 평가로 들릴 수 있고, 선을 넘는 것처럼 느껴질 수도 있으니까요.

또 이런 일도 있습니다. 어느 날 중요한 행사가 있어서 꽤 신경 써서 차려입고 약속 장소에 나갔습니다. 그런데 저를 보고 어떤 사람이 이렇게 말했어요.

"재은 씨, 너무 추워 보여요. 그 옷 입고 안 추워요?"

"아, 저는 괜찮아요. 하하…."

물론 그렇게 말한 건 정말 추울까 봐 걱정돼서였을 거예요. 하지만 좋은 마음으로 차려입고 간 저로서는 조금 민망한 기분이 들었습니다. '내가 너무 꾸미고 왔나?' 싶기도 하면서 내내 행사에 집중하지 못했습니다. 그렇다고 당장 옷을 바꿔 입고 올 수도 없는 상황인데 말이죠.

왜 이런 불편한 기분이 들었을까요? 분명 걱정되는 마음에 건넨 말이지만 그 걱정과 염려가 부정적인 표현으로 나왔기 때문입니다. 부정적인 단어, 부정적인 어조는 듣는 상대방도 불안하고 걱정하게 만듭니다. 걱정이 전염된 것이라고 볼 수도 있지요. 반대로, 같은 내용이라도 긍정적인 단어, 긍정적인 어조로 바꿔 말하면 똑같이 긍정적인 기운과 마음이 상대에게도 전해집니다.

그러니 이렇게 하면 간단하게 해결할 수 있어요. 바로 해결할 수 없는 것에 대해서는 언급하지 않기! 피곤해 보이는 얼굴을 당장 어떻게 할 수 없고, 추워 보이는 옷을 당장 어찌할 수 없잖아요. 정말 걱정이 되어서 하는 말이라고 해도 상대는 민망해질 수밖에 없습니다. 그럴 땐 이렇게 바꿔서 말해보는 건 어떨까요?

"피곤해 보인다. 곧 일해야 하는데 어디 아픈 거 아니지?"
→ "요새 참 바쁘지? 건강 잘 챙기면서 해."

"근데 별일 없지?"
→ "하는 일은 다 잘 되어가고 있지?"

"그 옷 입고 안 추워요? 보기만 해도 추워 보여요."
→ "재은 씨, 오늘 너무 멋지네요. 그런데 오늘 날씨가 갑자기 추워졌어요. 혹시라도 추우면 알려주세요."

이렇게 부정적인 느낌을 주는 단어와 말투를 긍정적인 단어와 말투로 살짝 바꿔보는 거죠. 상대를 향한 관심은 같은데 듣기에 훨씬 부드럽고 편안하지 않나요?

◖ 글자 하나로 분위기를 반전시키는 마법 ◗

부정적인 말을 긍정적인 말로 바꿔서 표현하는 게 당장은 조금 어려울 수도 있습니다. 연습이 필요하거든요. 그럴 땐 조사 하나만 바꿔봐도 좋습니다. 글자 하나만 바꿔도 '문장의 온도'가 확 올라갈 수 있습니다.

어느 날 오랜만에 만난 친구와 커피를 마시고 있었습니다. 친구는 한숨을 푹 내쉬더니 푸념을 털어놓았습니다.

"나 요즘 너무 힘들어."

"왜? 무슨 일 있어?"

"이번에 후배가 들어왔는데 눈치도 없고 이기적이어서 팀 장님이 시키는 일은 다 하기 싫다고 하더라고. 그래서 중간에 낀 과장급인 내가 업무를 다 떠맡아서 하고 있어."

평소 같았으면 친구의 말을 끝까지 들으며 위로를 했겠지만 그날은 저도 피곤이 쌓인 상황이었죠. 친구의 이야기를 듣다 저도 모르게 이런 한마디가 튀어나왔습니다.

"다들 힘들어."

순간 분위기가 싸늘해졌고, 친구와 저는 조용히 커피만 마시다 몇 마디 나누지 않고 생각보다 일찍 헤어졌습니다. 힘들어하는 친구에게 위로는 못 해줄망정, 그 순간 왜 그렇게 부정적인 말이 튀어나왔는지 후회가 됐습니다. 제 표현에 친구도, 저도 기분이 나아지기는커녕 더 바닥으로 가라앉고 말았죠. 정말로 말 한마디가 중요하다는 걸 깨닫는 순간이었습니다.

이렇게 불쑥 부정적인 말이 나올 때가 있습니다. 이럴 때 말을 바꿀 수 있는 가장 쉬운 방법이 표현 하나를 살짝 바꾸는 겁니다.

"다들 힘들어."
→"너도 힘들구나."

조금만 바꿨을 뿐인데 공감하는 말이 되었죠? 이렇게 단어나 어미 하나만 바꿔도 말의 의미와 분위기가 달라집니다.

"너만 그렇니?"

→ "너도 그렇니?"

"일은 잘하네."

→ "일도 잘하네."

"이것도 어려워?"

→ "이건 어려워?"

어떤가요? 말투도 다르게 느껴지고 상대의 마음을 여는 따뜻한 말로 들리지 않나요? 이런 긍정적인 표현은 상대의 마음뿐만 아니라 지금 나의 상황을 확 바꿀 수도 있습니다.

"해야 할 업무가 반이나 남았네."

→ "해야 할 업무가 반밖에 안 남았네."

"아직 수요일밖에 안 됐어? 주말 되려면 3일이나 남았네."

→ "벌써 수요일이 됐어? 주말 되려면 3일밖에 안 남았네."

과중한 업무에 지친 직장인들이 평소 자주 하는 말들입니다. 첫 번째 문장에서 몇 글자 바뀌지 않았는데 달라도 너무 다르죠? 두 번째 문장처럼 말한다면 일도 훨씬 수월하게 느껴질 겁니다.

그래서 그런지 매일 뉴스를 준비하다 보면 마치 수천 조각의 작은 퍼즐들을 맞추는 기분이 들 때가 있습니다. 단어 하나, 글자 하나로도 그 뜻이 크게 달라질 수 있으니까요. 조심조심 세심하게 멘트를 점검합니다. 혹시 쓸데없는 말을 붙이지는 않았는지, 내 마음대로 추측하거나 해석하지는 않았는지 꼼꼼하게 살피고 확인합니다.

'말했습니다.' '밝혔습니다.' '강조했습니다.' '밝혀졌습니다.' '드러났습니다.' '확인됐습니다.' '조사됐습니다.'

문장을 마무리하는 서술어만 해도 이렇게나 다양합니다. 즉 어떤 단어를 쓰느냐에 따라 전하려는 상황이 다르게 들릴 수 있다는 뜻입니다. 예를 들어 올림픽 경기에서 은메달을 획득한 우리 대표팀의 소식을 전한다고 생각해보세요.

"우리 펜싱 대표팀이 에페 단체전 결승에서 금메달을 획득하는 데 실패했습니다."

→ "우리 펜싱 대표팀이 에페 단체전 결승에서 은메달을 획득하는 데 성공했습니다."

정말 놀랍지 않나요? 단어 하나만으로도 실패한 사람이 성공한 사람이 되고, 반대로 성공한 사람이 실패한 사람이 될 수 있습니다. 은메달도 귀하고 대단한 성과인데, 이런 일을 해낸 선수들을 한순간에 실패한 사람들로 만들어버릴 수 있습니다.

이런 일화도 있습니다. 2020년 도쿄 올림픽에 출전했던 다이빙의 우하람 선수, 육상의 우상혁 선수 이야기인데요. 우하람 선수는 당시 다이빙 남자 3미터 스프링보드 결승에서 12명 중 4위를 기록했습니다. 한국 다이빙의 역대 올림픽 최고 성적이었죠. 조금만 앞섰으면 메달을 목에 걸 수 있었기에 사람들은 그에게 아쉽지 않냐고 물었습니다. 하지만 우하람 선수는 "비록 메달을 따지는 못했지만 올림픽에서 4위에 오른 것 자체로 영광"이라고 말했습니다. 아쉬움보다는 자신의 노력을 인정하며 그만큼 좋은 결과를 얻었다는 기쁨이 더 커 보였어요.

우상혁 선수 역시 다르지 않았습니다. 남자 높이뛰기 결선에서 4위를 차지하면서 한국 높이뛰기의 역사를 새로 썼습니다. 경기 내내 밝은 표정과 에너지로 경기장을 압도하던 우상혁 선수는 인터뷰에서도 아쉬움보다는 앞으로 마주할 도전에 기대감을 보였습니다. "이제 시작이다. 계속되는 도전에 긍정을 싣는다면 못 이기는 게 없지 않을까."

이런 선수들에게 감히 누가 "아쉽지만 메달 획득에 실패했다."라고 말할 수 있을까요? 그래서 선수들의 소식을 전할 때 '아쉽지만', '아쉽게' 같은 단어도 쓰지 않으려고 노력합니다. 최선을 다했기에 아쉽지 않은 선수들에게 정말 큰 실례가 될 수 있으니까요.

66 ═══════════════════════════════

긍정적인 말로 바꿔서 말하는 게 당장은 조
금 힘들 수도 있습니다. 그럴 땐 조사 하나
만 바꿔봐도 좋습니다. 글자 하나만 바꿔도
'문장의 온도'가 확 올라갈 수 있습니다.

═══════════════════════════════ 99

12

세상에서 가장 다정한 말,
이름 부르기

내가 그의 이름을 불러주었을 때
그는 나에게로 와서 꽃이 되었다.

-김춘수

◉ 누가 내 이름을 불러주었을 때 ◉

2018년 앵커로서 보도국 생활을 시작했을 때, 낯선 환경에 적응하는 게 조금 어려웠습니다. 다들 너무나 친절했지만 가끔 제가 '손님'처럼 느껴질 때가 있었어요. 제 앞에 무언가 높은 벽이 가로놓인 기분이 들었죠. 아마 기자들 사이에 혼자 아나운서여서 그럴 수도 있었고, 제가 평소 말이 별로 없어서 다가오기 어려운 점도 있었을 거예요. 그래서 그런지 누군가 제게 편하게 말을 걸어주면 그렇게 고마운 마음이 들었습니다. 특히 이름을 불러줄 때 말이죠.

"재은아, 안녕! 고생 많지?"

"재은 씨, 이 기사 앵커 멘트, 재은 씨가 해? 기사 수정됐으니까 한번 확인해줘."

"재은, 오늘도 고생했어!"

사실 직장에서는 이름이 불릴 일이 별로 없습니다. 혹시 불린다고 해도 이 차장, 이 아나운서, 이 앵커 등이죠. 물론 너무나 감사한 수식어들이지만 너무 딱딱하고 사무적으로 느껴져서 '혹시 내가 뭘 잘못했나?' 긴장하곤 합니다. 그래서 그런지 다정하게 "재은아", "재은 씨" 하고 불러주는 그 음성이 무척 소중하고 따뜻하게 다가왔습니다. 누군가에게 이름을 불리는 게 이렇게 감동적인 일이었다니….

전에는 몰랐거든요. 이름을 불러줄 때 저를 같은 팀으로 인정해주고 함께 프로그램을 만드는 일원으로 대해주는 것 같은 기분이 들어서 정말 좋았습니다. 그렇게 다가와 주는 선배의 기사는 더 열심히 공부해서 잘 전해야겠다는 동기부여도 되었고요. 누군가는 별생각 없이 이름을 부른 것일 수 있지만 보도국이 아직 낯설었던 아나운서에게는 정말 큰 위로가 된 말이었거든요. 그래서 저도 함께 일하는 선배들, 후배들, 동료들 한 명, 한 명 기억하고 되도록 이름을 부르려고 노력합니다.

◑ 이름 하나만 기억해도 성공한 삶이다 ◐

리더십이나 자기계발 관련 책에서 늘 강조하는 것 중 하나가 상대의 이름을 기억하라는 건데요. 자주 등장하는 예가 바로 미국의 26대 대통령인 시어도어 루스벨트(Theodore Roosevelt) 대통령의 이야기입니다. 루스벨트 대통령은 자신을 위해 일했던 시종과 하인들의 이름까지 하나하나 기억하고 부르며 인사를 나눴다고 합니다.

그가 대통령직에서 물러난 이후에 백악관을 방문할 기회가 있었다고 하는데요. 백악관에서 그는 자신이 대통령이었을 당시 일했던 자동차 정비공부터 주방에서 근무하는 하인들에 이르기까지 모두의 이름을 기억하고 안부를 물었다고 합니다. 그때의 일에 대해 백악관 직원들은 눈물을 글썽이며 이렇게 말했다고 해요.

"이렇게 기쁜 날은 대통령이 바뀌고 아마 없었을 거예요. 이 기쁨은 돈을 주고도 살 수 없는 겁니다."

《인간관계론》의 저자 데일 카네기도 세상에서 가장 달콤하고 중요한 단어는 '사람의 이름'이라고 했습니다. 상대의 이름 하나만 기억해도 세상을 살아가는 데 큰 힘이 된다고요. 그만큼 이름을 부르는 것이 상대의 호감을 얻을 수 있는 가장 빠른 방법이라는 거겠지요. 누군가 나의 이름을 기억하고 불러주는 것만으로도 나의 존재를 인정받는 느낌을 받을 수 있습니다.

국민 MC 유재석 씨와 관련해서 수많은 미담이 있지만 그중에서도 가장 대단하다고 생각하는 것이 있습니다. 바로 함께 일하는 스태프들의 이름을 모두 외운다는 사실인데요. 그렇게 많은 방송을 하고 수없이 많은 사람을 만날 텐데 이름을 모두 기억한다고 증언하는 미담들이 화제가 되었습니다. 그리고 그 미담들이 사실이라는 걸 저도 직접 경험했습니다.

입사한 지 몇 년 되지 않아 회사에서 우연히 유재석 씨를 마주친 적이 있었습니다. 당연히 저를 모르리라 생각하고 인사를 드렸어요. "선배님, 안녕하세요." 하고 제 이름을 말하려는 순간, 유재석 씨가 "아, 재은 씨! 맞죠? 반가워요."라고 제 이름을 부르며 반갑게 맞아주었습니다.

아무도 모르는 신입 아나운서의 이름을 기억하고 알아주었다는 사실이 놀랍고 감사했고, 그 세심한 배려에 감동했습니다. 아마 수많은 방송을 하면서 유재석 씨 본인이 이름을 기억하고 불러주는 것이 사소하지만 얼마나 고마운 일인지 알고 있었기 때문인지도 모르겠습니다.

그때부터 저도 함께 일하는 스태프들의 이름을 기억하려고 노력합니다. 상대방의 이름을 기억하고 불러주는 것은 좋은 관계의 시작이 됩니다. 누군가 나의 이름을 불러주면 그 사람에게 관심받고 존중받고 인정받고 있다는 생각이 들잖아요. 이름을 부르는 것이야말로 가장 쉽고 간단하게 전할 수 있는 '다정함'입니다.

66

상대의 이름 하나만 기억해도 세상을 살아
가는 데 큰 힘이 된다고 합니다. 누군가 나
의 이름을 기억하고 불러주는 것만으로도
나의 존재를 인정받는 느낌을 받을 수 있습
니다.

99

13

〈뉴스데스크〉 앵커의
'후회 없는 말하기'

군자는 행동보다
말이 앞서는 것을 부끄러워한다.

-공자

● 말은 주워 담을 수 없다 ●

매일 잠자리에 들기 전 오늘 하루 제가 했던 말을 떠올려봅니다. 누군가에게 가볍게 건넸던 농담, 한껏 예민해진 순간 저도 모르게 뱉었던 부정적인 말, 방송에서 했던 말들까지 하나하나 되짚어봅니다. 안타깝게도 '그 말 참 잘했다'보다는 '대체 왜 그런 말을 했을까?' 하고 후회하는 경우가 훨씬 많습니다. 오늘 했던 말들이 무겁게 마음을 짓누릅니다. 그렇게 어김없이 하루를 '이불 킥'으로 마무리하죠.

여러분은 어떤가요? 오늘 누군가에게 했던 말 때문에 이불 킥을 해본 적이 있나요? 친구들 혹은 회사 동료들과 수다를 떨다가 굳이 안 해도 될 말을 해서 마음에 남았던 일이 아마

다들 있었을 겁니다.

'아, 오늘은 진짜 듣기만 하려고 했는데…. 왜 그랬을까?'
'또 쓸데없이 말을 너무 많이 했네.'

그러지 말아야지 아무리 다짐해도 마음처럼 쉽지 않습니다. 사람들 속에 있다 보면 어느새 생각할 틈도 없이 말하고 있는 내 모습을 마주하지요. '그래, 말을 참을 수 없다면 주워 담아야 하는 말만큼은 하지 말자'라고 다짐해보지만 역시 마음처럼 되지 않습니다.

"재은 씨가 〈뉴스데스크〉 진행한 지 얼마나 됐지?"
"이제 햇수로 6년째입니다."
"그래? 그럼 이제 식은 죽 먹기겠네!"

〈뉴스데스크〉를 진행한 지도 어느덧 6년 차가 되었습니다. 시간이 많이 흐른 만큼 다들 제가 베테랑 앵커가 되었겠다고들 하지만 사실은 그렇지 않습니다. 처음 뉴스를 시작할 때보다 훨씬 어렵고 두렵고 떨리는 마음으로 데스크에 앉곤 하지요. 익숙해지면 괜찮아질 거라 여겼던 떨림은 여전하고, 오히려 시간이 흐를수록 제가 하는 말의 무게는 더욱 더 무겁게 다가옵니다.

그래도 다른 프로그램들은 3~4년쯤 진행하면 스튜디오가 내 집처럼 편해지고 언제 무슨 말을 해야 할지 이른바 '스킬'이 생기곤 했는데, 뉴스는 매일 처음 하는 것처럼 낯설게 느껴지거든요. 여러 가지 이유가 있겠지만 아마 그중에서도 이미 뱉은 말을 거둬들이기 어렵다는 점이 한몫하는 것 같습니다. 친구들에게 했던 말도 밤마다 후회하는데, 매일 전 국민이 보는 방송에서 하는 말은 말할 것도 없지요.

더욱이 뉴스에서 했던 말은 한 번 듣고 사라지는 것이 아니라 영원히 기록으로 남잖아요. 한번 뱉으면 주워 담을 수 없고, 고칠 수가 없으니 더 어렵습니다.

그래서 말을 하기 전에 더 열심히 준비합니다. 부족한 지식과 순간의 감정으로 실수하지 않으려고, 누군가에게 상처 주지 않으려고 신중하게 고민하고 공부합니다. 모르고 사용하는 잘못된 말은 없는지, 한쪽으로 치우치지는 않았는지, 감수성이 떨어지는 말은 아닌지 꼼꼼하게 살핍니다.

◉ 명쾌하고 정확하게 말을 전하는 법 ◉

저는 뉴스를 전할 때 두세 줄의 앵커 멘트를 통해 시청자들에게 말을 건다고 생각합니다. 그래서 평소 대화할 때처럼 편안하게, 최대한 쉽게, 다정하고 따뜻하게 대화하려고 노력하죠. 어떻게 하면 내가 하고자 하는 말을 명쾌하고 정확하게 그러면서도 진정성 있게 전할 수 있을지를 늘 고민합니다. 뉴스를 보는 사람들이 '그래서 무슨 말이 하고 싶은 건데?'라는 생각이 들지 않도록 말이죠. 제가 앵커 멘트를 쓰면서 늘 확인해보는 사항들은 다음과 같습니다.

첫째, 가장 중요한 핵심 내용을 담았는가?

일단 앞에서도 언급한 것처럼 정확하고 명료하게 전달하는 것이 핵심입니다. 뉴스 기사 하나당 앵커인 제게 주어지는 시간은 길면 30~40초, 보통 20초 안팎입니다. 그 짧은 시간

동안 기사의 핵심적인 내용을 담아야 하죠. 기사의 메시지가 무엇인지 파악하고 사실관계를 확인하는 것이 중요합니다. 그래서 혹시 기사를 읽다가 애매하거나 이해가 잘 안 되는 부분이 있으면 꼭 다시 한번 확인합니다. '아마 그럴 거야, 그랬을 거야' 하고 추정해서 쓰지 않습니다.

특히 숫자가 들어가는 경우 여러 번 체크합니다. 예전에 중요한 숫자를 잘못 말해서 크게 실수했던 적이 있었거든요. 그 뒤로 숫자는 반드시 꼼꼼하게 확인하는 습관이 생겼습니다. 또 조사 하나로도 사실관계가 크게 달라질 수 있으니 문장의 의미도 잘 파악해야 합니다.

핵심은 '문장을 최대한 짧게 쓰는 것'입니다. 앵커 멘트를 쓸 때 가장 시간과 노력을 많이 들이는 부분은 덜어내야 할 부분을 덜어내는 일입니다. 멘트를 쓰다 보면 이 말도 해야겠고 저 말도 해야겠다는 생각이 듭니다. 그러다 보면 점점 길어지기 일쑤인데요. 아무리 좋은 멘트라도, 아무리 아까워도 쳐내고 덜어내야 합니다. 글처럼 말도 하다 보면 길어지고, 어렵게 생각해서 쓴 내용인데 왠지 버리기 아까워지거든요.

신기한 점은 글이나 말뿐 아니라 유튜브 편집을 할 때도 마찬가지라는 거예요. 매주 브이로그 영상을 편집할 때 가장 시간이 오래 걸리는 작업은 필요 없는 장면을 덜어내는 과정입니다. 과감하게 쳐낼 때는 빠르게 영상이 완성되지만 망설이는 순간 한 시간, 두 시간, 끝도 없이 길어집니다.

그러니 글이든 말이든 영상이든 쓸데없이 늘어지지 않도록 과감하게 덜어내는 결단이 필요합니다. 꼭 해야 하는 말만 임팩트 있게 전하려고 노력해야 하죠. 앵커 멘트뿐 아니라 평소 말할 때도 마찬가지인 것 같아요. 덧붙이지 않고 덜어내고 다듬는 기술, 이것이야말로 하고자 하는 말을 명쾌하게 전할 수 있는 가장 효과적인 방법입니다.

둘째, 자연스러움이 생명이다.

뉴스뿐 아니라 어떤 방송을 하든지 간에 제가 제일 중요하게 생각하는 건 자연스러움입니다. 인위적이거나 가식적으로 느껴지지 않도록 노력하죠. 평소 대화할 때도 누군가 억지로 말을 이어가려고 하면 더 어색해지고 괜히 쓸데없는 말을 하게 되듯이 방송도 마찬가집니다. 자연스럽게 물 흐르듯 이어갈 줄 아는 사람이 진짜 고수인 거죠.

여기서 핵심은 '이어주는 말 적절히 사용하기'입니다. '예를 들면', '그러니까', '그리고', '게다가', '즉', '하지만', '반면에' 같은 접속사를 사용하는 거예요. 이렇게 이어주는 말을 사용하면 듣는 사람이 훨씬 쉽게 이해할 수 있고 대화가 자연스러워집니다. 다음에 이어질 내용을 예측할 수 있도록 신호를 주기도 하죠.

'왜 그럴까요?', '무슨 일인가요?', '어떻게 된 걸까요?', '그 이유가 뭘까요?' 등 호기심이 생기도록 물음표를 던지는 것도 좋은 방법입니다. 모든 내용을 다 담는 게 효과적인 경우도 있지만, 앵커 멘트에서 기사의 모든 내용을 다 담아버리면 기대감이 떨어집니다. 궁금한 내용이 있어야 듣는 사람이 흥미를 느끼고 집중해서 기사를 보겠죠. 이어지는 내용에서 그 물음표가 해소되도록, 흐름이 잘 이어지게끔 사용하는 것이 중요합니다.

그리고 더 중요한 핵심을 알려드릴게요. 바로 '연습'이 답이라는 겁니다. 자연스럽게 말하기 위해 가장 중요한 건 연습입니다. 저는 앵커 멘트를 하기 전까지 수십 번씩 읽어보는데요. 속으로도 읽고, 소리를 내서도 읽고, 카메라에 불이 들어오고 큐 사인이 들어오기 직전까지 읽고 또 읽습니다. 연습할 때마다 멘트에 대한 느낌뿐 아니라 이해도도 달라지거든요. 억양이나 말투, 강조점, 쉬어가는 부분 등을 달리해보면서 어떻게 말하는 게 가장 효과적으로 전달될지 최선의 방향을 연습을 통해 찾아가기도 합니다.

셋째, 듣는 사람이 이해할 수 있도록 말하는가?

뉴스를 할 때 가장 중요하게 생각하는 부분은 어려운 내용을 쉽게 전달하는 거예요. 기사를 읽다 보면 어려운 전문용어도 너무 많고 평소에 쓰지 않는 단어들도 참 많은데요. 초등학생들이 들어도, 노인분들이 들어도 한 번에 이해할 수 있을 만큼 쉽게 전하는 게 중요합니다. 제가 하는 말을 듣고 '아, 그런 내용이구나!' 하고 머릿속으로 그림이 그려지도록 설명하는 것을 목적으로 합니다.

여기서 핵심은 '풀어서 쓰기'입니다. 어려운 전문용어나 외래어는 되도록 알아듣기 쉽게 풀어 쓰거나 설명을 붙여줍니다. 외래어, 한자어, 의학용어, 법조문 등에 들어가는 단어는 다음과 같이 바꿔 씁니다.

기소 → 재판에 넘겨지다.

소환조사 → 불러서 조사하다.

요보호 아동 → 보호가 필요한 아동

모바일 헬스케어 → 원격 건강 관리

어려운 말을 일상어로 바꾼다고 해서 의미가 달라지는 것도 아니니까요. 사적인 자리에서 처음 만난 사람이 대뜸 전문용어를 쓰면서 지식을 뽐낸다고 생각해보세요. 일단 더 다가가기 어려운 사람으로 느껴질 겁니다. 정말 훌륭한 전문가들은 오히려 알기 쉽게 설명합니다.

사람들이 오은영 박사님이나 강형욱 훈련사님을 좋아하는 이유도 이해가 쏙쏙 되도록 쉽게 설명해주기 때문이 아닐까요? 자신만 아는 어려운 표현을 쓰는 것보다 알아듣기 쉬운 말로 풀어서 하는 게 더 어렵습니다. 그래서 더 많은 공부가 필요합니다.

하나 더 덧붙이자면, 누군가를 가르친다는 생각으로 말하지 말아야 합니다. '나는 알고 있는데 너는 모르지?' 같은 느낌이 들지 않도록 말이죠. 너무 무게를 잡거나 심각하게 말하지 않도록, 친절하고 친근하게 말하려고 노력해야 합니다. 그래야 듣는 사람도 편안해집니다.

마치 내가 대단한 사람이라도 된 것처럼 '있는 척 아는 척' 하지 않습니다. 권위적이거나 가르치는 듯한 말투는 듣는 사람을 불쾌하게 합니다. 뉴스뿐 아니라 일상생활에서도 습관적으로 가르치는 말투를 쓰는 사람들이 있죠? "아니, 그건 아니지.", "그건 말이야…" 이렇게 말하는 사람과는 대화하기가 싫어집니다. 내가 하는 말의 내용보다 틀린 말을 찾으려고 눈에 불을 켜고 있는 것 같은 기분이 들기도 하거든요.

넷째, 표현과 감정 절제하기

뉴스를 할 때도, 대화를 할 때도 자신의 감정과 말의 톤을 잘 조절하는 게 중요합니다. 듣기만 해도 분노가 솟구치는 사건을 전할 때면 덩달아 과한 멘트를 하거나 표정을 지을 때가 있습니다. 더 자극적인 단어를 쓰려고 하다가 선배에게 혼난 적도 있었어요. 사실만 전해야 하는데 저도 모르게 제 감정이 들어가 버렸거든요. 좀 더 강한 인상을 주려고 하다가 주제에서 벗어날 수 있으니 세심한 주의가 필요합니다.

다섯째, 나만의 리듬으로 말하는가?

정보나 글의 분위기에 따라 말하는 속도를 조절합니다. 말의 어조를 살리는 건데요. 말은 억양이나 톤에 따라 의미가 달라지는 경우가 종종 있습니다. 영어의 단어를 예로 들어보면 'what'의 경우 'what?(뭐라고?)', 'what!(뭐?)', 'what~?(말도 안 돼!)' 등 억양에 따라 의미가 달라지기도 하죠. 우리말도 비슷합니다. 문장의 말미에 힘을 주어 말하면 단정적인 의미가 되고, 말꼬리를 약간 흐리면 상대의 의견이나 동의를 구하는 의미가 되기도 하니까요.

여섯째, 목소리는 어떠한가?

목소리는 무엇보다 자신에게 제일 잘 맞는 톤을 찾는 게 중요합니다. 억지로 무게를 잡거나 어울리지 않는 톤으로 말하다 보면 말을 하는 사람뿐 아니라 듣는 사람도 불편해집니다. 내게 가장 잘 맞는 톤을 찾아서 내 스타일대로 말하는 게 제일 좋습니다. 내가 편안할 때 듣는 사람도 편하게 들을 수 있거든요.

'다정한 말투'라고 하면 친절하고 상냥한 언어로만 생각할 수 있는데, 사실은 훨씬 많은 것이 포함되어 있습니다. 다정한 말투는 단단하면서도 정확하고 영리한 말입니다. 말은 누군가와 소통하는 수단입니다. 단순히 상냥한 언어만 쓴다고 해서 듣는 이와 원활한 소통을 할 수 있는 건 아니에요. 결국 말에 담은 내 의도와 뜻을 상대방이 알아주었으면 하는 거잖아요. 그러니 의미를 잘 전달하고 싶다면 앞에서 말한 여섯 가지 사항에 맞춰서 말해보세요. 거기에 상냥하고 친절한 표현과 어투를 더하는 거예요. 그러면 내가 하고자 하는 말을 명확하게 그리고 다정하게 전달할 수 있을 겁니다. 사람들 앞에서 발표하거나 보고서를 쓰기 전에 이런 방법들을 써보길 권합니다.

> '다정한 말투'라고 하면 친절하고 상냥한 언어로만 생각할 수 있는데, 사실은 훨씬 많은 것이 포함되어 있습니다. 다정한 말투는 단단하면서도 정확하고 영리한 말입니다.

14

마법의 언어,
'감사합니다'

진실되고 친절한 말은
세상을 변화시킨다.

-작자 미상

◉ 감사할 줄 아는 것도 능력이다 ◉

제게는 특별한 재능이 하나 있습니다. 어떤 재능인지 궁금하시죠? 뛰어난 암기력? 타고난 목소리? 지치지 않는 체력? 모두 탐나는 재능이지만 제가 가진 재능은 바로 '감사하는 재능'입니다. 누군가는 웃어넘길지 모르지만 타고난 감사 능력은 제가 유일하게 자랑하고 싶은 재능입니다.

이 마법 같은 재능은 부모님이 물려주신 거예요. 제가 아주 어릴 때부터 부모님은 항상 감사하는 습관을 갖도록 가르치셨어요. 아침에 일어나는 순간부터 잠자리에 들기 전까지 하루의 시작과 끝을 언제나 감사와 함께했죠. 오늘도 기쁘게 하루를 시작할 수 있음에 감사하고, 무사히 학교에 갈 수 있어서 감사하고, 학교에 가서 수업을 듣기 전에도, 중요한 시험을 치르기 전에도, 심지어 시험을 망쳤을 때도 늘 감사하는 것은 제겐 숨을 쉬듯이 당연한 일이었습니다. 그리고 그렇게 습관처럼 했던 감사의 말들이 지금의 저를 만든 밑거름이 되었습니다.

학창 시절에 영어 말하기 대회에 나간 적이 있었는데요. 대회에 참가하기 위해 부모님과 함께 대회가 열리는 제주도까지 내려갔습니다. 정말 열심히 준비한 대회였기에 기대도 많이 하고 최선을 다했지만 아쉽게도 결과는 예선 탈락이었죠. 탈락을 한 것도 슬펐지만, 제주도까지 함께 간 부모님께 죄송한 마음이 컸습니다. 아쉬워하는 제게 어머니는 이렇게 말씀하셨어요.

"재은아, 감사하자. 감사하면 더 좋은 일이 생길 거야!"
"응. 감사합니다!"

그리고 얼마 뒤 우리나라에서 가장 큰 규모의 영어 말하기

대회가 열렸습니다. 예선 탈락의 경험을 바탕으로 더욱 열심히 준비했지만 막상 자신이 없었습니다. 함께 대회에 참가했던 친구들의 실력이 어마어마했거든요. 미국에서 태어났거나 오랫동안 해외에서 살았던 친구들은 출발선부터가 달랐습니다. 떨리는 마음으로 제 차례를 기다리고 있는데 또다시 어머니가 이렇게 이야기하셨어요.

"재은아, 감사해! 너는 부족하지만, 감사하면 기적이 일어날 거야."

정말로 제가 그 대회에서 수상한다면 그건 기적이나 다름없는 일이었습니다. 드디어 제 차례가 되었고 무대에 오르기 전 마음속으로 크게 외쳤습니다.

'감사합니다!'

결과는 어땠을까요? 꼴등만 아니었으면 좋겠다고 생각했는데 무려 1등을 했습니다. 전국의 수많은 실력자를 제치고 제가 대상을 받게 된 거죠. 아직도 그때 그 일은 '감사가 만들어낸 기적'이라고 믿습니다.

이처럼 감사하는 능력이 낳은 일들을 전부 이야기하자면 아마 책 한 권으로도 부족할 겁니다. 그렇게 감사의 말은 제 인생 최고의 말이 되었습니다. 기쁘고 행복한 순간에는 말할 것도 없고, 눈앞에 어려운 상황이 닥쳤을 때도 제일 먼저 감사의 말부터 합니다.

감사의 말은 부정적인 상황을 반전시키는 힘이 있습니다. '어쩌다 상황이 이렇게 됐을까?', '나는 절대로 못 할 거야', '내가 그렇지 뭐' 같은 부정적인 마음과 할 수 없을 거라는 생각도 금세 떨쳐버릴 수 있습니다. 어떻게 하냐면요. 입으로 소리 내어 이렇게 말하는 거예요.

"감사합니다!"
"감사합니다!"
"감사합니다!"

무슨 주문 같다고요? 맞아요. 감사의 말은 정말 마법의 주문 같아요. 그렇게 세 번 감사의 말을 하고 나면 신기한 경험을 하게 됩니다. 거친 파도처럼 요동치던 마음이 잔잔하고 평온해집니다. 그동안 나의 눈을 가리고 있던 안개와 어둠이 걷히고, 작지만 밝은 희망의 빛이 제 앞을 밝혀줍니다. 더 이상 부정적인 상황에 몰입하지 않고 작은 희망에 집중하면서 감사함을 느낄 수 있습니다.

"오늘도 파란 하늘을 볼 수 있어서 감사합니다."
"달콤한 커피 한 잔, 감사합니다."
"퇴근길 노을이 너무 아름다워서 감사합니다."

그 밖에도 아침에 눈을 떴을 때 즐겁게 하루를 시작할 수 있어서 감사하고, 건강하게 오늘을 살 수 있어서 감사하고, 좋아하는 일을 할 수 있어서 감사하고, 사랑하는 사람들과 함께할 수 있어서 감사하고…. 생각해보면 우리 삶 속에 감사할 일들이 정말 많습니다. 감사도 습관이라서 한번 하기 시작하면 저절로 나오더라고요. 그리고 더 놀라운 건 감사하면 할수록 감사한 일들이 꼬리에 꼬리를 물고 계속 이어진다는 겁니다. 여러분도 소소한 것들에 감사하는 것부터 한번 시작해보세요.

◑ 감사의 말을 할 때 벌어지는 일 ◐

어릴 때 혹시 이런 실험, 해본 적이 있나요? 양파 두 개를 물이 담긴 병 위에 하나씩 올려놓고 일정 기간 동안 각각의 양파에 좋은 말과 나쁜 말을 들려줍니다. 한쪽 양파에는 감사의 말, 긍정적이고 다정한 말을 합니다.

"감사합니다."

"사랑해."

"고마워."

"예쁘다."

"정말 멋지다."

"네가 최고야!"

그리고 다른 양파에는 부정적인 말을 들려줍니다.

"망했어."

"짜증 나!"

"미워."

"너무 싫어!"

시간이 흘러 두 양파는 어떻게 됐을까요? 다들 짐작하셨 겠지만, 매일 긍정적인 말을 들었던 양파는 쑥쑥 잘 자라났습 니다. 그러나 매일 부정적인 말을 들은 양파는 마르고 썩어서 죽어버렸습니다.

믿기지 않는 결과인데요. 실제로 실험해보면 두 눈으로 그 결과를 직접 볼 수 있습니다. 어릴 땐 별것 아니라고 생각했 는데 지금 생각해보면 정말 엄청난 결과인 것 같아요.

늘 불평불만이 가득한 말을 하고 쉽게 화를 내고 짜증을 부 리는 사람은 본인도, 주변 사람들과의 관계들도 두 번째 양파 처럼 마르고 썩어버립니다. 그러니 부정적인 말을 버리고 지 금이라도 감사의 말, 긍정적인 말로 나의 모습을 향기롭게 가꿔야 합니다. 다시 푸릇푸릇 튼튼하고 싱싱하게 자라날 수 있도록 말이죠.

실제로 평소에 늘 감사하는 마음을 갖고 긍정적인 말을 사용하는 사람들은 낯빛부터 다릅니다. 비싼 화장품을 바르지 않아도, 얼굴에 광채가 가득하지요. 정오의 해처럼 눈부시게 빛납니다. 이런 사람들은 삶을 대하는 태도도 늘 열정이 가득하고 쉽게 지치지 않습니다. 할 수 있다는 자신감과 희망으로 꿈을 꿉니다. 감사의 말이 단단한 삶을 살아갈 수 있도록 그들을 붙들어주기 때문이죠.

얼마 전 뉴스를 준비하다가 정말 기쁜 소식을 접했습니다. 《지선아 사랑해》라는 책의 저자인 이지선 한동대 교수가 모교인 이화여대 교수로 부임했다는 소식이었습니다.

이지선 교수의 이야기는 아마 대부분 사람이 알고 있을 겁니다. 이 교수는 대학교 4학년이었던 2000년, 도서관에서 공부하고 돌아가던 길에 음주 운전자가 낸 추돌 사고로 전신의 55퍼센트에 3도 중화상을 입었습니다. 의사들조차 포기할 정도로 가망이 없었지만 그는 서른 번이 넘는 수술과 재활치료를 이겨냈습니다. 그리고 그런 상황에서도 늘 감사하는 마음을 잃지 않았습니다.

"두 손가락을 사용할 수 있어서 하나님께 감사합니다."

어떻게 이런 상황에서도 감사할 수 있지? 어떻게 감사하다고 말할 수 있지?《지선아 사랑해》를 처음 읽으며 받았던 충격을 아직도 잊을 수 없습니다. 그렇게 감사의 삶을 살았던 이지선 교수는 대학 졸업 후 미국에서 박사학위를 취득했고 2017년부터는 한동대에서 교수로 일하다 23년 만에 모교인 이화여대에 교수로 돌아오게 되었습니다. 그는 이번에도 가장 먼저 감사의 말부터 했습니다.

"스물셋에 사고를 만나고 떠나게 된 이화에, 23년 만에 교수로 돌아왔습니다. 모교에서 가르치는 기쁨을 누리게 해주셔서 감사합니다."

감사의 말은 세상 그 어떤 절망도, 어떤 상처도 이겨낼 수 있는 가장 위대한 말입니다. 이지선 교수가 자신의 삶을 통해 보여준 것처럼요.

감사의 위대한 힘은 미국 포드(Ford)를 설립한 자동차 왕, 헨리 포드(Henry Ford)에 관한 이야기에서도 엿볼 수 있습니다. 어느 날 미국 시골 학교의 한 선생님이 포드에게 편지를 보내 왔습니다. 아이들을 가르치는데 피아노를 살 돈이 없었다고 해요. 그래서 당시 미국 최고의 부자였던 포드에게 1,000달러를 보내달라고 간곡히 부탁했습니다.

그 편지를 받고 포드는 마음이 상했습니다. 그간 수많은 사람이 그에게 돈을 받아 갔지만 대부분 감사하다는 말 한마디 없었기 때문이죠. 선생님도 그런 사람일 거라고 생각하고 그는 10센트를 보내줬다고 합니다. 1,000달러를 부탁했는데 10달러도, 1달러도 아니고 10센트를 보내주다니, 선생님 입장에서는 너무 당황스러웠겠죠? 저라면 부탁하는 상황이긴 하지만 한편으로는 나를 농락하는 건가 싶어 화가 났을 것 같아요.

하지만 그 선생님은 그것마저 감사하게 받았습니다. 그리고 10센트만큼의 땅콩을 사서 학교 운동장 한구석에 심었습니다. 그렇게 수확한 땅콩을 팔아서 그 돈의 일부를 포드에게 보냈습니다. 감사의 편지와 함께 말이죠. 그리고 그다음 해에도 씨를 뿌려 수확했고, 땅콩 농사를 지어 5년 만에 피아노를 살 수 있었습니다. 선생님은 포드에게 다시 한번 감사의 편지를 보냈습니다.

잊고 있다가 몇 년 만에 선생님의 감사 편지를 받은 포드는 너무 기뻤습니다. 그리고 선생님이 처음 부탁했던 1,000달러의 10배 되는 돈을 보냈습니다. 다음과 같은 편지와 함께 말이죠.

"선생님 같은 분은 처음입니다. 당신 같은 분이 미국에 있다는 것이 자랑스럽습니다. 저는 당신에게 돈을 보내는 것이 아니라 마음을 보냅니다."

작은 것에 감사를 표현하면 이처럼 더 큰 감사를 경험할 수 있습니다. 주위를 둘러보세요. 우리의 삶에는 감사할 일들이 너무나 많습니다. 그런 의미에서 오늘 감사했던 일 세 가지만 적고 하루를 마무리하는 건 어떨까요? 적는 게 번거로우면 친한 친구나 가족들과 "오늘 감사했던 일들을 한 가지씩 말해 볼까?" 하며 나누는 시간을 갖는 것도 좋은 방법입니다.

"오늘 하루 계획한 일들을 다 마무리할 수 있어서 감사한 하루였어."

"아침에 동생이랑 다퉜는데 화해할 수 있어서 감사했어."

"문득 좋아하는 공부를 할 수 있어서 감사하다는 생각이 들더라고."

"오늘 미세먼지가 사라지고 파란 하늘을 볼 수 있어서 감사했어."

이렇게 작은 일들에 감사하기 시작하면 소소했던 감사가 엄청나게 큰 감사가 됩니다. 감사의 말은 우리 삶의 모든 순간을 특별하게 만들어줍니다.

세계적인 토크쇼 진행자 오프라 윈프리의 성공 스토리는 정말 유명합니다. 어린 시절 사생아로 태어나 사촌 오빠로부터 성폭행을 당하고 미혼모가 되었고 마약 복용으로 감옥에도 다녀왔지요. 그렇게 어려운 시절을 겪은 그는 어떻게 세계적인 방송인이 되었을까요? 그의 성공 비결은 간단했습니다.

"저는 하루도 빠짐없이 이렇게 말했습니다. '감사합니다. 고맙습니다. 저는 진짜 복 받은 사람입니다'라고요."

그러면서 그는 감사 일기의 효용을 강조합니다.

"감사 일기를 쓰면서부터 제 인생은 완전히 달라졌습니다. 비로소 인생에서 소중한 것이 무엇인지, 삶의 초점을 어디에 맞춰야 하는지 알게 되었습니다."

오프라 윈프리의 말처럼 매사에 감사하면 삶의 초점이 달라집니다. 이기지 않아도, 원하는 것을 이루지 못해도 감사할 수 있습니다. 감사할 일이 일어날 거라는 믿음이 있기 때문이죠. 감사의 말은 우리가 생각하는 것 이상의 힘을 가지고 있습니다.

하루 중에 시간을 정해서 감사 일기를 적어보세요. 일과를 시작하는 아침도 좋고, 마무리하는 저녁도 좋아요. 업무 시작 전 혹은 쏟아지는 업무에 지친 하루의 어느 시간에 잠깐 눈을 감고 감사한 일들을 떠올려보세요. 그렇게 감사한 일들을 찾고 적어나가다 보면 우울했던 마음도, 불안한 마음도 이내 사라집니다. 대신 그 자리에 행복이 솟아날 거예요. 당연히 업무 효율도 쑥쑥 오르고 사람들과의 관계도 긍정적으로 변화할 수밖에 없습니다.

감사의 말은 상황을 반전시키고 인생을 바꿀 수 있는 최고의 말입니다. 단순한 말 이상의 힘이 있습니다. 오프라 윈프리나 이지선 교수뿐 아니라 전 세계의 수많은 사람이 감사하는 말과 감사하는 삶을 실천하고 강조했습니다. 마지막으로 그들의 말을 여러분과 공유하고 싶습니다.

아침에 눈 뜨자마자 감사할 일을 머릿속에 그리려고 노력했다. 이는 행복과 건강을 가져다주는 습관이었다.

_데일 카네기

당신 인생의 단 한 번의 기도가 "감사합니다."라면 그것으

로 충분하다.   _마이스터 에크하르트(Meister Eckhart)

감사의 마음밭에서는 절망의 씨가 자랄 수 없다.

_피터 셰퍼(Peter Shaffer)

행복은 감사하는 사람의 것이다.   _아리스토텔레스

가장 행복한 사람은 가장 많이 소유한 사람이 아니라 가장
많이 감사하는 사람이다.   _빌헬름 웰러

만약 당신 앞에 나타나는 모든 것을 감사히 여긴다면 당신
의 세계는 완전히 변할 것이다.   _오프라 윈프리

범사에 감사하라. 이것이 그리스도 예수 안에서 너희를 향
하신 하나님의 뜻이니라.   _데살로니가전서 5:18

감사는 삶에 기적과 축복을 가져온다. 사람이 얼마나 행복한
가는 그의 감사의 깊이에 달려 있다.   _존 밀러(John Miller)

숨 쉬듯이 감사하는 사람은 매일 기적을 경험한다. 삶이 기적 자체이기 때문이다.

_작자 미상

감사의 말을 하는 것이 가장 먼저 해야 할 의무다.

_제임스 앨런(James Allen)

그대가 손안에 얼마나 많은 것을 쥐었는지는 그대의 행복과 아무런 관계가 없다. 그대의 마음속에 감사가 없다면 그대는 파멸의 노를 젓는 것이다. 다른 공부보다 먼저 감사할 줄 아는 방법부터 배워라. 감사의 기술을 배울 때 그대는 비로소 행복해진다.

_제임스 깁슨(James Gibson)

세상에서 가장 부유한 사람은 누구인가? 자기가 가진 것에 만족하고 감사하는 사람이다.

_탈무드

기억하라. 감사는 만사를 형통케 한다.

_찰리 존스(Charley Jones)

66 ═══════════════════

감사의 말은 인생을 바꿀 수 있는, 상황을
반전시키는 최고의 말입니다. 단순한 말 이
상의 힘과 능력이 있습니다.

═══════════════════ 99

✦ 긍정의 언어와 부정의 언어 중 어떤 것을 더 많이 사용하고
있나요?

_____

_____

_____

✦ 자주 쓰는 비언어적 습관은 무엇이 있나요?

_____

_____

_____

✦ 내 마음을 바꾸는 '마법의 한마디'를 만들어보세요.

_____

_____

_____

여러분은 가장 듣고 싶은 말이
무엇인가요?

언젠가 서울시 교육청에서 학생들을 상대로 '친구에게 듣고 싶은 말'이 무엇인지 묻는 조사를 했습니다. 과연 아이들이 뽑은 가장 듣고 싶은 말 1위는 무엇이었을까요? 바로 "내 친구가 되어줘서 고마워."였습니다. 정말 따뜻하고 다정한 말이죠?

그 뒤를 이어서 "우리 같이 놀자.", "너 정말 잘한다.", "넌 지금도 충분히 잘하고 있어." 등의 말이 상위권에 올랐다고 합니다. 조사 내용을 읽으며 가만히 생각해봤습니다. '나는 친구에게 이렇게 다정한 말을 해본 적이 있었나' 하고요. 생각해보니 들어본 적은 있었어요. '재은! 너 같은 친구가 있어서 정말 행복해! Thank you for being my best friend!' 몇 년 전 생일에 미국에 사는 친구가 보내준 메시지가 그 어떤 선물보다 더 감사하고 기뻤던 기억이 납니다.

아이들이 부모님께 듣고 싶은 말도 조사했는데요. 1위는 "우리 딸(우리 아들), 정말 잘했어."였습니다. 그 뒤를 이어서 "지금도 잘하고 있어.", "태어나줘서 고마워.", "넌 최고의 선물이야.", "항상 사랑한다." 등이 있었습니다. 생각만 해도 입가에 미소가 지어지는 햇살 같은 말들입니다.

사실 다정하게 말하기는 생각보다 어렵지 않습니다. '나라면 어땠을까?', '나였다면 이 상황에서 어떤 말이 듣고 싶을까?', '누군가가 내게 이렇게 말해줬으면 좋겠다' 하는 말들 있죠? 하나씩 떠올려볼까요? 저는 누군가에게 응원의 말을 들을 때 힘이 나는 것 같아요. "재은이는 열심히 노력한 만큼 좋은 앵커가 될 수 있을 거야!", "네 모습 그대로 멋져." 같은 말이요.

반대로 어떤 말을 들었을 때 기분이 나빴거나 상처가 되었던 말은 걸러냅니다. 남을 비난하거나 깎아내리는 말, 부정적인 말 대신 진심이 가득 담긴 따뜻하고 긍정적인 말로 마음을 전해보세요. 생각보다 어렵지 않습니다. '내가 듣고 싶은 말'을 하는 것, 다정한 사람이 되는 가장 빠르고 확실한 방법입니다. 그런 의미로 오늘은 소중한 사람들에게 다정한 메시지를 전해보는 건 어떨까요?

'제 부모님이 되어주셔서 감사합니다.'
'내 이야기를 잘 들어주고, 늘 곁에 있는 친구가 되어줘서 고마워.'
'팀장님, 오늘도 제 문제를 해결해주셔서 고맙습니다.'